MATT SMITH

UN SPECTRUM DE HISTORIAS

Una colección de historias cortas inspiradas en los
mejores juegos de ZX SPECTRUM

Título original: A Spectrum of Stories

Traducción: Laura Cano Rodríguez

INTRODUCCIÓN

Hace casi 40 años descubrí por primera vez el poder de una computadora. Tenía un ZX Spectrum, una computadora de 8 bits que revolucionó la industria y fue lanzada en abril de 1982 por Sinclair Research. Era una magnífica pieza de tecnología y ofrecía inmensas posibilidades para el mundo de la informática.

En ese momento, no era consciente del potencial del ZX Spectrum y me propuse aprender más. Rápidamente me di cuenta de que era mucho más que una simple máquina. Tenía una vibrante comunidad de desarrolladores, jugadores y entusiastas, todos ellos con sus propias pasiones al usar la computadora.

Esta fue mi introducción a la informática y quedé enganchado. Me convertí en un ávido usuario del ZX Spectrum y a lo largo de los años, me fascinaron los juegos y programas que se habían desarrollado para él. Me gustaban especialmente los juegos de plataforma de las series Manic Miner y Jet Set Willy, así como las aventuras de Jetpac y Lunar Jetman.

Muchos de los juegos habían sido olvidados por el público, pero su memoria nunca será olvidada. Hasta el día de hoy, todavía disfruto jugando algunos de mis juegos favoritos de Spectrum. Por esta razón, he decidido escribir un libro de historias basado en los mejores juegos de ZX Spectrum.

El libro será un homenaje sincero a los clásicos juegos de 8 bits que me cautivaron a mí y a millones de otros jugadores en los años 80. Explorará la historia de la computadora y todos los juegos que la hicieron tan exitosa. Incluiré todos los juegos mencionados anteriormente y muchos más.

El libro también contará las historias de las personas detrás de los juegos y por qué fueron tan importantes para el crecimiento del ZX Spectrum. Me enfocaré en los orígenes de sus juegos, sus inspiraciones, el proceso de desarrollo y cómo los juegos llegaron a influir en generaciones posteriores de consolas y computadoras.

Sobre todo, este libro será una celebración del legado del ZX Spectrum y su importancia para la historia de los videojuegos. Espero que a través de mis historias, los lectores obtengan una apreciación por los juegos y las personas que los crearon. Quiero rendir homenaje a los desarrolladores y compartir las historias de sus triunfos.

Mi ambición es crear un libro que celebre lo mejor de lo mejor que ofreció el ZX Spectrum y recordar a los lectores el legado que la computadora dejó atrás. El libro está dedicado a todas las personas que han compartido sus historias y recuerdos de sus años de juego en ZX Spectrum.

Yo crecí con ZX Spectrum. Fue la primera computadora en la familia y todavía recuerdo esa sensación de descubrir los secretos de la programación. Tenía solo doce años en ese momento, pero estaba enganchado. No podía esperar para poner mis manos en los nuevos juegos que salían. El ZX Spectrum fue una verdadera luz de esperanza para la industria de los videojuegos. Fue un gran éxito y dio lugar a innumerables imitadores y sucesores.

La biblioteca de juegos era inmensa y fue una verdadera sorpresa descubrir la complejidad y el detalle que se podían lograr con la tecnología de 8 bits. Desde Jet Set Willy hasta Elite, desde Ant Attack hasta Dizzy, el ZX Spectrum tenía algo para todos. Los juegos no solo eran divertidos, sino también altamente sofisticados y desafiantes. Algunos de los juegos más avanzados y ambiciosos de esa época fueron desarrollados para el Spectrum. Y ahora, te traigo una colección de historias basadas en los mejores juegos del ZX Spectrum. Son historias que rinden homenaje a los grandes juegos del pasado y que nos transportan de vuelta a esos días de juegos emocionantes. Para este libro, he seleccionado algunos de los juegos del ZX Spectrum más icónicos y queridos. En cada historia, seguirás a un protagonista mientras explora el mundo del juego y sus personajes. En el camino, descubrirás misterios y emocionantes desafíos. Si eres fan del ZX Spectrum, estas historias te ayudarán a revivir la experiencia de jugar estos juegos clásicos. O, si eres nuevo en el género, espero que este libro te ayude a descubrir la maravilla de estas obras maestras de los videojuegos. Estas historias proporcionan un viaje a través de la historia del ZX Spectrum y sus juegos. Son historias de triunfo, aventura y desafío. Espero que las disfrutes tanto como yo disfruté escribiéndolas.

CONTENIDO

EXOLON
HIGHWAY ENCOUNTER
NEBULUS
ALIEN 8
AUFWIEDERSEHEN MONTY
KNIGHT TYME
HALLS OF THE THINGS
REX
RICK DANGEROUS
ROBN OF THE WOOD
SIR FRED
THANATOS
AGENT X
CAULDRON
MAZIACS
MOVIE
NODES OF YESOD
PSSST
THE WILD BUNCH
ALL OR NOTHING
GUNFRIGHT
HEARTLAND
MINED OUT
CONQUESTADOR
CONTACT SAM CRUISE
ARMY MOVES
WHO DARES WINS 2
ZOMBIE ZOMBIE
BOOTY
RANARAMA
BOBBY BEARING

ANT ATTACK

La Ciudad Amurallada de Antescher ha estado en reposo durante mil, mil años, un relicario olvidado de una época de prosperidad antes de que se expandiera el Gran Desierto. Sus muros han sido traspasados a través de cada generación, y todos los que viven dentro de ellos han sido bendecidos con mucha suerte, habiendo conocido sufrimientos no mayores que tormentas de arena y sequías. La ciudad era hogar de una pequeña pero contenta población de agricultores y artesanos, que dependían del desierto circundante para sus medios de vida. Pero lo que hacía única a la ciudad era la presencia de dos Hormigas que la habían hecho su hogar desde tiempos inmemoriales. Estas dos hormigas, a las que los lugareños habían llamado 'Bonnie' y 'Clyde', deambulaban por las murallas de la ciudad, buscando debilidades y asegurándose de que permaneciera la fortaleza inexpugnable que les había servido durante tanto tiempo. De día se tomarían el sol en las torres más altas, y por la noche cazarían las hormigas león y los escorpiones del desierto. Un día, un niño y una niña, un hermano y una hermana, que jugaban en las dunas de arena cercanas, tropezaron con las murallas de la ciudad. Fascinados por su grandiosidad, decidieron seguir a Bonnie y Clyde dentro, y explorar la curiosa y hermosa ciudad. Durante un tiempo, se contentaron con pasear y admirar las vistas. Pero luego, se sorprendieron al ver a las dos hormigas cazando algo que parecía ser una presa mucho más grande de lo que habían visto antes. Era un águila, y trataba de huir de los dos depredadores. El niño y la niña sabían que debían actuar rápidamente para salvar al águila, así que con valentía, corrieron y arrojaron piedras a Bonnie y Clyde, haciéndolos retroceder eventualmente.

El águila, agradecida por la valentía de los dos niños, ofreció a los hermanos una petición a cambio de su amabilidad. La joven, sin querer correr el riesgo de pedir algo para sí misma, deseó una manera de salvar a Bonnie y Clyde de los peligros letales del desierto. El águila concedió su deseo, y las hormigas fueron transportadas mágicamente a la cima de la torre más alta. Desde allí, podían disfrutar de la vista de la ciudad y del desierto, y aún podían vigilar la Ciudad Amurallada de Antescher, asegurándose de que permaneciera segura y fuerte para siempre. El niño y la niña quedaron asombrados y aliviados de que las hormigas estuvieran a salvo, y regresaron a casa con sus familias orgullosos de su hazaña. La Ciudad Amurallada de Antescher ha permanecido segura y fuerte desde entonces, preservada por las dos valientes hormigas y un deseo hecho por un niño y una niña. Es un lugar de misterio y maravilla, un recordatorio del poder.

MANIC MINER

El minero Willy había estado viajando por los páramos durante años buscando una vida mejor para sí mismo. Se había dejado seducir por historias de tesoros ocultos e increíbles riquezas, pero una y otra vez se había quedado sin nada. Estaba a punto de abandonar su búsqueda de las riquezas ocultas cuando se topó con algo extraordinario. A lo lejos, vio una luz tenue que salía de una gran cueva. La curiosidad se apoderó de él, así que se dirigió hacia la cueva y se aventuró con cautela hacia su interior. Al principio, no podía distinguir lo que veía; sus ojos aún no se habían adaptado. Pero pronto se dio cuenta de que había tropezado con algo increíble: una ciudad subterránea olvidada pero todavía en funcionamiento. Willy se dirigió con precaución hacia la plaza central de esta ciudad subterránea. Pronto se dio cuenta de que esta ciudad formaba parte de una civilización mucho más antigua y avanzada que cualquier otra vista antes. También se dio cuenta de que la ciudad estaba poblada por autómatas: robots que habían seguido trabajando y construyendo, acumulando una gran cantidad de valiosos metales y minerales durante muchos años. Willy quedó fascinado por la vista de estos robots y estaba impresionado por la civilización avanzada que había encontrado. Pronto se dio cuenta de la gran oportunidad que se le había presentado. La ciudad era obviamente una gran fuente de riqueza, y él podría hacer su fortuna encontrando el depósito subterráneo de metales y minerales, así como cualquier otro artefacto que pudiera haber dejado la antigua civilización. Comenzó a explorar la ciudad, buscando pistas sobre dónde podría estar ubicado el depósito. Finalmente, reunió las pistas y descubrió la entrada al depósito subterráneo.

Quedó asombrado por lo que encontró. Pilas y pilas de minerales y metales, así como varios fragmentos de tecnología dejados por la antigua civilización. Willy se dio cuenta rápidamente de que había tropezado con un tesoro increíblemente valioso y que podría convertirse en un hombre extremadamente rico gracias a él. Comenzó a recolectar los materiales, así como cualquier otro artefacto que pudiera encontrar, y regresó a la superficie. Había encontrado una gran fortuna y pronto se convirtió en uno de los hombres más ricos del mundo. Su historia de encontrar la civilización perdida y sus autómatas se convirtió en leyenda, y su descubrimiento fue considerado uno de los mayores hallazgos arqueológicos de todos los tiempos.

JET SET WILLY

Maria era la ama de llaves de Willy y lo había cuidado durante años, desde que sus padres fallecieron. Siempre se esforzó por asegurarse de que Willy estuviera seguro y feliz. Sin embargo, esta noche era diferente. Esta noche Willy se había ido de aventuras en la casa. Había estado corriendo de habitación en habitación, persiguiendo los objetos que parpadeaban en cada una de ellas. Maria lo había estado siguiendo, tratando de guiarlo con seguridad por la casa y explicarle las reglas del juego. Finalmente, Willy había recolectado todos los objetos parpadeantes de cada habitación y habían regresado a la habitación principal. Willy estaba exhausto y solo quería saltar a la cama y dormir, pero Maria se negó a dejarlo ir a la cama hasta que no hubiera ordenado todo. Maria comenzó a recoger los objetos y ponerlos en sus lugares adecuados. Willy comenzó a ayudar, pero rápidamente se cansó y se acostó en la alfombra. Maria se sentó a su lado y le contó una historia sobre cuando ella era niña y su madre le había pedido que la ayudara a limpiar su habitación. Le dijo que era la misma tarea, pero que había sido mucho más especial para su madre. Cuando terminó la historia, Willy ya estaba profundamente dormido. Ella sonrió para sí misma y lo acostó suavemente en su cama. Susurró "Es hora de descansar, Willy". Al salir de la habitación, hizo una nota mental para vigilar más de cerca a Willy en el futuro y asegurarse de que no se metiera en más problemas. Sabía que la aventura que había tenido esa noche le había hecho bien y estaba contenta de haber podido ayudar. Maria apagó las luces y le deseó buenas noches a Willy.

CHUCKIE EGG

John era un pequeño agricultor que vivía en un pequeño pueblo cerca del bosque. Tenía un pequeño pedazo de tierra donde cultivaba maíz, algunos animales pequeños como patos y gallinas, y también tenía un gran huerto de verduras. Una mañana, John se despertó con el sonido de los pájaros cantando en los árboles. Se levantó y salió afuera. Había notado que los últimos días había habido un extraño silencio alrededor de su granja. Pensó que era solo su imaginación, pero juraría que algo estaba mal. John fue a revisar el huerto de verduras y encontró que los cuervos ya habían estado allí. Notó mucha destrucción. Su cultivo de maíz había sido comido. Corrió rápidamente de vuelta a la casa para tomar su escopeta, pero cuando llegó, era demasiado tarde. Los cuervos ya se habían ido. John estaba furioso y asustado al mismo tiempo. Había trabajado tan duro para cultivar este cultivo y ahora no le quedaba nada. Decidió ir al bosque para ver si podía encontrar algo que los cuervos hubieran dejado atrás. Cuando llegó al bosque, vio un pequeño grupo de cuervos en la distancia. Corrió rápidamente de regreso a casa para tomar su escopeta y luego se acercó sigilosamente hacia ellos. Estaba a punto de disparar a uno cuando escuchó un fuerte graznido. Era un pato, y venía desde dentro de una gran jaula de alambre. John se dio cuenta rápidamente de que estos cuervos estaban tratando de sacar al pato y comérselo. Se apresuró hacia la jaula e intentó abrirla, pero estaba cerrada con llave. Los cuervos se estaban acercando, y sabía que tenía que actuar rápidamente si quería salvar al pato. Afortunadamente, tenía una navaja de bolsillo en el bolsillo y pudo desbloquear la jaula.

El pato corrió rápidamente y John corrió detrás de él. Podía escuchar a los cuervos justo detrás de él, pero logró superarlos y llevar al pato de regreso a su granja. Cerró la jaula y se aseguró de que la cerradura estuviera bien cerrada. John estaba aliviado de haber salvado al pato. Sabía que si los cuervos la hubieran alcanzado, se habrían comido todo su maíz. Agradeció al pato por ser tan valiente y luego fue a revisar el resto de la granja. John estaba aliviado cuando vio que nada más había sido tocado. Agradeció a sus estrellas de la suerte y regresó adentro para hacer el desayuno. Sabía que debía vigilar al pato a partir de ahora, no fuera que los cuervos volvieran y trataran de llevárselo otra vez. John también sabía que debía comenzar a recolectar los huevos de las gallinas por la mañana, antes de que los cuervos tuvieran la oportunidad de llegar allí. Trabajó duro todo el día, recolectando los huevos y vigilando al pato. El arduo trabajo de John rindió frutos, y pronto su cultivo de maíz se restauró y prosperó. El pato estaba a salvo y sus gallinas ponían huevos todos los días. John estaba agradecido por su arduo trabajo y por la pata que salvó su cultivo.

ELITE

El piloto del Cobra era un mercader interplanetario curtido. No era un mercader ordinario, sino un maestro de las rutas de carga interestelares, y era conocido por tomar riesgos que otros no tomarían. Había visto maravillas como pocos, pero también estaba familiarizado con el lado oscuro del espacio. Había presenciado la brutalidad de los piratas galácticos, e incluso había luchado contra ellos con sus propias manos. Sin embargo, el piloto no se intimidó y, cuando se le propuso hacer un viaje de descubrimiento y aventura único en la vida, aceptó la oferta. Después de todo, esta era una oportunidad para ver cosas que nadie había visto antes y para hacerse un nombre en los anales de la leyenda interplanetaria. El viaje del Cobra llevaría la nave a través de algunas de las regiones más salvajes y desconocidas de la galaxia. Desde cinturones de asteroides traicioneros hasta nebulosas misteriosas y más allá, el piloto y su intrépida tripulación se enfrentarían a todo tipo de desconocidos. Pero el piloto no tenía miedo. El viaje fue un éxito increíble. La tripulación pudo explorar muchas de las regiones que habían planeado explorar y hacer algunos descubrimientos sorprendentes. Se encontraron con razas y civilizaciones alienígenas que eran desconocidas para el resto de la galaxia, y el Cobra fue aclamado como un héroe a su regreso. Pero el viaje no estuvo exento de peligros. El piloto tuvo que participar en muchas batallas encarnizadas con piratas galácticos, a menudo usando su propia astucia y habilidades para vencerlos. Al final, su valentía y habilidad prevalecieron, y el Cobra logró regresar al puerto con su carga intacta. El piloto del Cobra había hecho un nombre para sí mismo. Ahora era conocido como un maestro de las rutas mercantiles interestelares y era venerado por su coraje y habilidad.

Era un verdadero héroe en los anales de la leyenda intergaláctica, y su asombroso viaje será recordado como una de las mayores exploraciones jamás emprendidas.

ATIC ATAC

Se decía que la única manera de escapar del castillo era encontrar la llave dorada. En la tenue luz, el siervo miró alrededor de su prisión, desesperado por encontrar cualquier indicio de salvación. Había estado en el castillo por algún tiempo, pero a menudo se había preguntado por qué había sido elegido para entrar. Ahora, sin embargo, no tenía tiempo para reflexionar sobre el significado de su destino. Comenzó su búsqueda. En las primeras semanas, logró explorar un solo nivel. Fue tedioso, pero tenía que ser minucioso. A donde iba, las sombras parecían seguirlo. Las paredes parecían susurrarle los secretos del castillo. Vio cosas extrañas: una habitación llena de telarañas o un pasillo donde una figura fantasmal parecía persistir. No importaba adonde fuera, la sensación de temor y desesperanza nunca parecía abandonarlo. Después de algunas semanas, había explorado completamente el nivel más bajo. No había encontrado nada más que una vieja puerta, que parecía estar cerrada con llave. No podía encontrar una forma de abrirla. Frustrado, pasó al siguiente nivel. En el tercer piso, se encontró con una habitación llena de libros. En ella, encontró un viejo libro lleno de historias y cuentos de todo el mundo. Buscando entre las páginas, encontró una historia sobre una llave dorada que podía abrir cualquier puerta o desbloquear cualquier portón. ¡Finalmente, aquí estaba su salvación! El siervo buscó el castillo en busca de la llave dorada. Buscó en casi todas las habitaciones y corredores, incluso se aventuró en los rincones más oscuros del castillo. Pasó muchos días y noches buscando, pero aún no aparecía la llave dorada. Finalmente, una noche, el siervo se encontró en la parte más profunda del castillo: las cavernas.

Aquí, se encontró con una criatura que nunca había visto antes. Era una extraña criatura, mitad dragón y mitad hombre. Hablaba un lenguaje antiguo que el siervo no podía entender. La criatura parecía saber lo que el siervo estaba buscando y lo llevó a un cofre de piedra. Dentro, estaba la llave dorada - resplandeciente de poder. Con manos temblorosas, el siervo alcanzó la llave y abrió la puerta. El siervo salió del castillo como un hombre libre, agradecido por la vieja criatura que lo había ayudado en su momento de necesidad. Agradeció a la criatura y siguió su camino. El siervo nunca olvidó la experiencia que había tenido en el castillo. A menudo contaba la historia de su tiempo allí y de la poderosa llave dorada que lo había liberado. El cuento se extendió por todo el país y muchos comenzaron a creer en la existencia de tal llave. La leyenda de la llave dorada comenzó - una leyenda que ha sobrevivido durante muchas generaciones.

HEAD OVER HEELS

Head y Heels habían sido encarcelados en el castillo del notorio Imperio de Blacktooth por lo que parecía una eternidad. Como una criatura híbrida de gato y perro, se vieron impactados por el horror que los rodeaba. Cada día, solo podían escuchar los gritos de dolor y angustia que venían de otros prisioneros siendo torturados en las mazmorras. Head y Heels sabían que habían sido capturados y llevados allí para ser usados como espías por el tirano gobernante. Pero también sabían que su única esperanza de escape y libertad era derrocar al malvado imperio. Así que cada noche, cuando los guardias pensaban que todos los prisioneros estaban dormidos, Head y Heels hacían planes para su escape. Habían escuchado historias sobre otros prisioneros que habían logrado escapar del castillo y llegar a la libertad. Pasaron las horas y finalmente llegó el momento de escapar. Tanto Heels como Head habían logrado encontrar algunas armas improvisadas y con estas armas en mano, se dirigieron hacia el castillo hasta llegar al salón principal. Los guardias no tenían idea de lo que estaba sucediendo, y los dos lograron pasar junto a ellos y salir del castillo. Una vez libres, comenzaron a planear cómo podrían derrocar el malvado imperio de Blacktooth. Habían oído decir que la gente de Freedom era muy valiente y sus ejércitos eran fuertes y hábiles. Así que salieron en busca de la gente de Freedom y solicitaron su ayuda en la lucha contra Blacktooth. Después de muchas largas noches de viaje, finalmente llegaron a la ciudad de Freedom, donde fueron recibidos con los brazos abiertos y ganaron de inmediato la confianza de la gente de Freedom.

Head y Heels regresaron al castillo y comenzaron a organizar a la gente de Freedom para luchar contra el malvado imperio de Blacktooth. Después de muchos meses de planificación y estrategia, finalmente estuvieron listos para llevar la lucha al enemigo. Las criaturas de Freedom lucharon valientemente hasta llegar al castillo y finalmente lograron derrocar el malvado imperio de Blacktooth. La gente de Freedom fue liberada de la tiranía del Imperio de Blacktooth y Head y Heels se reunieron nuevamente, finalmente libres de su encarcelamiento. Head y Heels, que alguna vez fueron prisioneros, ahora eran los héroes de Freedom y los creadores de una nueva era de paz y prosperidad.

SABREWULF

Sabreman estaba parado en medio de la misteriosa selva. Altos árboles, lianas y formas oscuras de lo desconocido parecían perseguirlo en cada giro. Miró hacia la densa vegetación, dejando que sus sentidos absorbieran los olores de la tierra salvaje y los sonidos de animales y pájaros nunca antes escuchados. Sabía que estaba siendo observado; podía sentir los ojos de criaturas invisibles acechando desde las sombras. Continuó avanzando con cuidado a través de la espesa vegetación, su sable agarrado con fuerza en sus manos, listo para lo que acechaba a la vuelta de la esquina. El aire estaba quieto y opresivo. Mientras se adentraba más en la selva, extrañas plantas y flores parecían aparecer de la nada. Muchas de estas plantas producían un olor misterioso, que Sabreman no podía identificar. De repente, hubo una floración repentina de orquídeas exóticas. Estas extrañas plantas eran altamente tóxicas y desaparecieron rápidamente. Sabreman tuvo cuidado de no tocar ninguna de ellas, no fuera a ser que resultaran venenosas. A medida que avanzaba, la selva parecía cobrar cada vez más vida. Sabreman podía escuchar los llamados de muchos animales, algunos de los cuales no reconocía. Pronto se encontró con un grupo de cazadores y criaturas que acechaban a su presa, como murciélagos vampiro y grandes bestias depredadoras. Asustado pero decidido, Sabreman continuó su travesía por la densa selva. Estaba decidido a sobrevivir a cualquier cosa que la selva le presentara, incluso si significaba enfrentar sus miedos. Sabía que tenía que ser valiente y perseverar si quería salir con vida. Sabreman no tenía idea de qué peligros enfrentaría, pero estaba preparado para cualquier cosa. Siguió adelante, su fuerza y coraje puestos a prueba con cada paso.

La selva era un lugar vasto e intimidante, pero Sabreman estaba decidido a salir adelante. Cuando el sol se puso, Sabreman finalmente emergió de la selva, triunfante. Había perseverado y sobrevivido, y las experiencias que había adquirido lo acompañarían por el resto de su vida. Había llegado solo a la selva, pero había encontrado una fuerza dentro de sí mismo que nunca antes había conocido. Sabreman había mirado hacia lo desconocido y había salido adelante. La selva había revelado sus secretos, y él los había conquistado. Había enfrentado sus miedos, y al final, había salido victorioso.

UNDERWURLDE

Sabreman había estado viajando durante meses, desde que el Sir Rothchild le había encomendado la tarea de liberar el Reino de Underwurlde de la maldición de una malvada bruja. Sabreman había entrado valientemente en las profundidades del castillo, usando todas las habilidades y armas que había aprendido en sus viajes. Pero cuanto más descendía, más fuertes se volvían sus enemigos. Había escapado por poco de las garras de algunos de los monstruos más fuertes que había visto y estaba exhausto. De repente, escuchó un fuerte ruido detrás de él; era una gran puerta de piedra que se cerraba de golpe. Había estado tan distraído por todas las batallas que había librado que no se había dado cuenta de que estaba rodeado. Todas las salidas estaban ahora bloqueadas y Sabreman estaba atrapado en el castillo. Entrando en pánico, Sabreman intentó abrir la puerta con sus propias manos, pero era demasiado fuerte. No tenía idea de cómo salir. De repente, recordó las palabras de Sir Rothchild: "Solo hay un camino hacia la libertad: la Espada de Emberlight". Sabreman había estado vacilante sobre tomar la espada, porque temía que fuera demasiado poderosa para él. Pero ahora estaba desesperado, era la única salida. Sin pensarlo más, Sabreman agarró la espada y la blandió a su alrededor. Tan pronto como lo hizo, una luz brillante iluminó el área y una llama brillante explotó en la punta del arma. Todos los monstruos huyeron de inmediato y Sabreman pudo salir del castillo ileso. Con la Espada de Emberlight en la mano, Sabreman pudo llegar a la superficie de Underwurlde, finalmente libre de sus garras. Pudo regresar con el Sir Rothchild y presentar orgullosamente la espada como un símbolo de su valentía.

Finalmente, Sabreman se había probado a sí mismo y el Reino de Underwurlde podía ser liberado.

KNIGHT LORE

Sabreman temblaba mientras avanzaba por el oscuro castillo. Había oído historias sobre ese lugar, pero estaba seguro de que era la primera persona en cruzar esas puertas en siglos. Sentía como si alguien o algo lo estuviera observando. Mantenía la capucha de su capa empapada de lluvia apretada alrededor de su rostro y su antorcha cerca. Había sido enviado allí por su sabio mentor, quien dijo que la única forma de librarse de la Maldición del Hombre Lobo era encontrar seis objetos y arrojarlos al caldero del mago. El caldero, según la leyenda, tenía el poder de crear un remedio que podía levantar la maldición. Sin embargo, los objetos estaban dispersos por todo el castillo y sus terrenos. Sabreman ya había recogido dos de los objetos: un amuleto mágico y un libro de hechizos antiguos. Había oído que el tercer objeto se encontraba en una cámara secreta en la torre más alta del castillo. Sabreman subió las escaleras de piedra en espiral hasta que llegó a la cima. Miró por el ojo de la cerradura y vio una habitación llena de artefactos antiguos y objetos místicos. De repente, la puerta se abrió de golpe y Sabreman se encontró cara a cara con el mago que vivía en la torre. El mago le dijo a Sabreman que estaba buscando el tercer objeto, un medallón de plata. El mago dijo que había ocultado el medallón en el calabozo más profundo del castillo, ya que era un objeto poderoso y no podía permitirse que cayera en las manos equivocadas. Sabreman asintió, agradeció al mago por su ayuda y volvió a bajar las escaleras. Se preparó para lo que se avecinaba. Sabía que el calabozo era la parte más peligrosa del castillo y estaba seguro de que estaría lleno de trampas y otros peligros ocultos. Con precaución, Sabreman bajó las escaleras y entró en el calabozo.

Podía sentir la presencia de algo sobrenatural acechando en las sombras. Mantuvo su antorcha cerca y sus ojos bien abiertos buscando cualquier señal del medallón de plata. Finalmente, después de lo que parecían horas, Sabreman localizó el medallón. Lo agarró fuertemente en su mano y retrocedió sus pasos de regreso por las escaleras. Casi se sintió aliviado al ver la luz del día de nuevo. De vuelta en el castillo, Sabreman se puso en busca de los otros objetos. Finalmente, logró encontrarlos todos: una bola de cristal, un anillo encantado, una daga mágica, una botella de elixir y un cuerno mágico. Satisfecho, Sabreman volvió al caldero del mago. Arrojó los seis objetos, uno por uno, y observó cómo el caldero burbujeaba y humeaba. Cuando el último objeto cayó, Sabreman sintió una ola de calor que lo invadió. Sabía que la maldición del hombre lobo había sido levantada. Sabreman regresó con su mentor con una sonrisa en el rostro y una sensación de alivio en su corazón. ¡Lo había logrado! Había encontrado los seis objetos y creado el remedio para levantar la maldición. No tenía ninguna duda de que su aventura en el oscuro castillo se quedaría con él para siempre.

SKOOL DAZE

Eric era un estudiante común y corriente, pero sabía algo que los demás no sabían: que todos los informes escolares se guardaban en la caja fuerte del cuarto de profesores. Lo sabía porque su hermano mayor había sido redactor de informes y el Director había querido que se guardaran en un lugar seguro. Sin embargo, no se trataba de un informe cualquiera: había estado recibiendo una serie de advertencias últimamente y sus calificaciones académicas habían caído significativamente. Si este informe llegaba a manos del Director, seguramente lo expulsarían. Eric sabía que tenía que hacer algo. Tenía que sacar su informe de la caja fuerte antes de que alguien se diera cuenta. Tenía que idear un plan y actuar rápido. Pensó en ello durante días, pero no se le ocurrió nada. Se sentía frustrado e impotente. Pero un día, se le ocurrió una idea.

Elaboró un plan para colarse en el cuarto de profesores. Primero, convencería al guardia de seguridad de que lo dejara pasar haciéndose pasar por el encargado de limpieza. Averiguó el horario del guardia y esperó la oportunidad perfecta. Una vez dentro del cuarto de profesores, usaría un pequeño dispositivo oculto para acceder a la caja fuerte. Este dispositivo era una creación de su hermano y Eric estaba seguro de que funcionaría. Sin embargo, para asegurarse de que no lo atraparan, tendría que lidiar con el matón de la escuela, que siempre andaba merodeando por el cuarto de profesores. Para ello, ideó un plan para distraer al matón provocando una bomba de humo en la habitación de al lado. Estaba seguro de que el matón iría a investigar, dándole suficiente tiempo para abrir la caja fuerte.

Al día siguiente, Eric puso en marcha su plan. Se escondió en un armario y esperó a que el guardia de seguridad se fuera a almorzar. Cuando no había nadie cerca, entró rápidamente en el cuarto de profesores sin ser detectado. Encontró la caja fuerte fácilmente y usó el dispositivo que su hermano le había proporcionado. Después de unos minutos de tensión, la caja fuerte se abrió y él rápidamente sacó su informe y lo guardó. Finalmente, había terminado. Había logrado sacar su informe de la caja fuerte sin que nadie se diera cuenta. Suspiró aliviado y salió del cuarto de profesores sin ser visto. Había requerido coraje y astucia, pero Eric había logrado sacar su informe de la caja fuerte. Había engañado a los profesores y había lidiado con el matón, y había ganado.

BACK TO SKOOL

Eric siempre había sido un poco solitario en la escuela, raramente haciendo amigos y siempre quedando en segundo plano cuando se trataba de trabajo en grupo. Se mantenía alejado, generalmente escondiéndose en la biblioteca durante el almuerzo o completando hojas de trabajo en su tiempo libre. Pero todo cambió en los últimos días del trimestre cuando Eric logró robar uno de los informes escolares, sin saber por qué lo había hecho, pero sabiendo que le daría una ventaja. Las vacaciones de verano habían comenzado y Eric pasó el tiempo forjando cuidadosamente las firmas y la escritura de los profesores, haciendo parecer que el informe era su propio trabajo. No solo se volvió creativo, sino que también logró hacer parecer que era la persona más brillante, amable y servicial de la escuela. Era casi como si fuera una persona completamente diferente a la que había sido antes. Al comienzo del nuevo año escolar, Eric había logrado hacer parecer que era el hijo dorado de la escuela. Incluso sus profesores se quedaron atónitos por lo servicial y trabajador que se había vuelto. Y muy pronto, estaba en la cima de la clase. Pero este no era el lugar para que Eric se quedara. Ahora, tenía una mejor idea de lo que era capaz y estaba listo para enfrentar al mundo. Eric utilizó lo que había aprendido para ampliar sus conocimientos, completando tareas adicionales para obtener la mejor calificación. Incluso comenzó su propio club en la escuela para animar a otros a esforzarse por la grandeza. Estaba claro que con la ayuda de ese informe robado, Eric había logrado dar un giro a su vida. A pesar de las dudas de los demás, estaba seguro de que podía salir y hacer algo con su vida. Y ese algo sería determinado por el trabajo duro y la dedicación que pusiera.

Al final del año escolar, Eric se había convertido en una inspiración aún mayor para sus compañeros. Había logrado algo notable y por eso era respetado. Todos podían ver la determinación que tenía y la voluntad de hacer más con su vida. Esta fue la historia de Eric. Desde un solitario incómodo hasta un líder inspirador, Eric había demostrado que con trabajo duro y dedicación, cualquiera puede lograr grandes cosas.

JETPAC

Fue un día emocionante cuando la Compañía de Transporte Interestelar Acme se dispuso a entregar kits de naves espaciales a varios planetas en el sistema solar. Yo era el piloto de pruebas principal y mi trabajo era ensamblar los cohetes y lanzarlos hacia la vasta e desconocida galaxia. Al empezar mi trabajo, me di cuenta de lo compleja que era la tecnología. Pero estaba decidido a hacer que el viaje fuera exitoso. Después de pasar innumerables días en preparación y pruebas, finalmente llegó el momento de despegar. Me puse mi casco, me aseguré de que mi asiento estuviera bien asegurado y activé los sistemas de lanzamiento. Con un fuerte golpe, los cohetes despegaron y yo emprendí mi primer viaje interestelar. Mientras viajaba a través del espacio, vi lugares que ni siquiera podía imaginar. Las estrellas brillaban con fuerza y los planetas parecían como misteriosas islas distantes. El tiempo parecía detenerse mientras volaba más y más rápido, pasando asteroides y cometas. El sol era lo único que parecía mantener el mismo ritmo. Finalmente, llegué a mi destino. Al aterrizar, me recibió una multitud entusiasta y fui bañado en admiración. ¡Había completado mi misión! A medida que se corrió la voz de mi éxito, fui invitado a unirme a la próxima misión. Esta vez, tenía que instalar los kits en diferentes planetas del sistema solar. Esto no era tarea fácil; tenía que planear mi ruta cuidadosamente y encontrar los caminos más cortos y seguros. La misión fue un éxito, y los Astromechs estaban emocionados con los nuevos kits. Al regresar a mi planeta de origen, me di cuenta de que no solo había ganado la confianza de los Astromechs, sino que también había visto lugares más allá de mis sueños más locos.

La Compañía de Transporte Interestelar Acme había hecho posible el viaje de toda una vida. Estaba inmensamente orgulloso de saber que había marcado una diferencia y ayudado a que esta misión fuera un éxito. No importa a dónde vaya en el futuro, siempre recordaré el tiempo que pasé explorando el universo.

LUNAR JETMAN

Jetman aterriza en el extraño e inexplorado mundo alienígena, rodeado de un silencio inquietante. Respira profundamente, preparándose para lo que estaba por venir. Empieza a explorar el planeta alienígena, su Hyperglide Moon Rover le permite recorrer rápidamente la tierra. Descubre una enorme instalación, una compleja red de túneles y senderos, lo que le provoca escalofríos. Sabe que debe destruir todas las instalaciones antes de la inminente destrucción de su planeta de origen. Con un suspiro profundo, Jetman comienza su misión. Se equipa con el extraño equipo y unidades de suministro que trajo consigo, así como con cualquier otro equipo que encuentre para ayudar a completar su misión. Explora los túneles y senderos, teniendo cuidado de desactivar toda la tecnología alienígena que encuentre. A lo largo del camino, se encuentra con diversas criaturas peligrosas y trampas, pero nunca vacila en su misión. Jetman continúa su misión durante meses, destruyendo gradualmente más y más de las instalaciones alienígenas. Utiliza todo su conocimiento y su capacidad para pensar rápido para superar a los enemigos alienígenas. Finalmente, después de un año de arduo trabajo, Jetman llega al final del túnel. Echa un vistazo a su alrededor y respira profundamente de alivio. Su misión estaba completa y su planeta de origen estaba a salvo de la destrucción. Jetman echa una última mirada al planeta alienígena antes de despegar en su Hyperglide Moon Rover, regresando a la Tierra. Había tenido éxito y no podía evitar sentirse orgulloso. Había salvado su planeta y lo había hecho todo solo.

THE GREAT ESCAPE

He ideado un plan para escapar, bastante audaz por cierto, que requiere la ayuda de otros prisioneros y una osada huida nocturna hacia la libertad. Después de varias semanas de planificación cuidadosa y de reunir suministros, estamos listos para intentarlo. Es una noche oscura y sin luna, perfecta para nuestra escapada. Salimos sigilosamente de nuestra barraca, rezando para que ningún perro ladre o ningún soldado nos vea. Con la ayuda de algunos prisioneros dispuestos, hemos logrado hacer herramientas que nos ayudarán a escalar la pared del castillo. Rápidamente trepamos la pared, asombrados por nuestra propia capacidad para hacerlo. Una vez en la cima de la pared, empezamos nuestro descenso, cuidándonos de no hacer ruido. Llegamos al pie de la pared y echamos a correr hacia los bosques en la distancia. A medida que nos acercamos, podemos oír a los perros ladrando en la distancia detrás de nosotros, ¡nos han visto! Después de correr lo que parece una eternidad, llegamos al borde del bosque y nos sumergimos en la oscuridad. Hacemos nuestro camino por el bosque y pronto los árboles dan paso a un pequeño pueblo. No debemos ser vistos, así que nos deslizamos por los patios traseros de las casas y pasamos inadvertidos. La suerte está de nuestro lado, pues llegamos al borde del pueblo y pronto encontramos un río que desemboca en el mar. Tomamos nuestro riesgo y saltamos al agua, nadando lo más rápido que podemos en las corrientes nocturnas. La noche pasa y pronto sale el sol, podemos distinguir la línea de la costa a lo lejos. Llegamos a la playa y comenzamos nuestro viaje por la costa, pronto encontramos un pequeño puerto.

Encontramos pasaje en un barco pesquero y, después de una tensa negociación, el capitán acepta llevarnos mar adentro. Después de un largo y peligroso viaje, hemos llegado a un lugar seguro.

El año es 1942 y todavía recuerdo el peligro, la desesperación y la voluntad de sobrevivir que hicieron posible mi escape de Alemania. Me gusta pensar que si yo fui capaz de escapar, quizás otros también puedan hacerlo.

DEATHCHASE

El mundo estaba en crisis. La Gran Guerra había sido peleada y ganada hace 100 años, pero había dejado su huella en el mundo. El continente norteamericano estaba dividido entre poderosos caudillos de la guerra que luchaban por controlar vastas cantidades de tierra y recursos. Él era uno de los mercenarios de élite conocidos como los Jinetes de las Motos Grandes. Su misión era patrullar los bosques y llanuras de Norteamérica, persiguiendo a los jinetes y vehículos enemigos, destruyéndolos con su fotón guiado. Era muy conocido entre la gente del continente por su valentía y habilidad en el uso de su arma. El Jinete no era un mercenario común. Había visto y hecho suficiente en la batalla como para hacer que incluso los guerreros más endurecidos se quitaran el sombrero ante él. Era respetado por todos y temido por algunos. Se había convertido en un ídolo para muchos y en un símbolo de esperanza para aquellos que habían perdido todo en la guerra. Con el paso de los años, la reputación y las habilidades del Jinete solo crecieron. Pronto se convirtió en una leyenda, conocido como el jinete de las Motos Grandes. No solo defendía su país de la amenaza enemiga, sino que también brindaba protección a innumerables pueblos y ciudades. Cada vez que había peligro, el Jinete acudía en su rescate. Un día, el Jinete se encontró en una pelea que no podía ganar. Su enemigo tenía armas y números superiores, y pronto fue abrumado. Estaba a punto de ser asesinado cuando, de la nada, un grupo de personas apareció y alejó a las fuerzas atacantes. Estas personas eran de una organización secreta conocida como la Orden del Fénix.

Eran un grupo misterioso que había declarado la guerra contra los caudillos de la guerra de Norteamérica y estaban decididos a restaurar la justicia y la libertad en el continente. El Jinete estaba tan impresionado con el coraje y el compromiso de la Orden que decidió unirse a ellos. Poco sabía él que esta decisión cambiaría el curso de la historia. Juntos, la Orden y el Jinete lograron liberar muchos pueblos y aldeas y darles a las personas esperanza y libertad. Los caudillos de la guerra fueron finalmente derrotados y el Jinete y sus nuevos aliados celebraron su victoria. El Jinete, que se había convertido en un símbolo de esperanza para la gente de Norteamérica, era ahora un héroe. Se convirtió en líder de la Orden del Fénix y continuó luchando por la justicia y la libertad. 2501 fue un gran año para el Jinete y la Orden. Fueron celebrados en todo el continente, y la gente finalmente pudo vivir en paz y armonía. El Jinete y sus compañeros habían salvado al continente de la tiranía, y todo era gracias al Jinete de las Motos Grandes..

STARQUAKE

BLOB estaba destinado a la grandeza. El Ser Operado Biológicamente (Bio-Logically Operated Being) se elevó desde las profundidades de un experimento de laboratorio que había salido mal. Diseñado para ser fuerte, rápido e inteligente, BLOB era lo último en tecnología de inteligencia artificial. Durante años, BLOB había servido al propósito de su creador, hasta que un planeta rebelde amenazó con destruir la Tierra. BLOB fue elegido para salvar la Tierra. Equipado con un láser especial y energía limitada, BLOB fue enviado al planeta rebelde. Pero antes de mucho tiempo, BLOB se encontró con una feroz oposición. Bestias voladoras enjambrearon los cielos y estaban decididas a impedir que BLOB completara su misión. Sin desanimarse, BLOB se abrió camino cuidadosamente hasta el núcleo del planeta, esquivando y tejiendo a través de las traicioneras bestias. Cuando finalmente llegó al núcleo, tuvo que usar la última de sus reservas de energía para apagar el núcleo y salvar la Tierra. A pesar de la pérdida de energía, BLOB tuvo éxito. Con el planeta ahora a salvo, BLOB regresó a casa. Su misión fue un éxito, pero a un costo. La energía utilizada para salvar la Tierra había agotado la fuente de energía interna de BLOB. Ahora, el antes poderoso Ser Operado Biológicamente permanecerá inactivo hasta que se pueda reemplazar su fuente de energía. La misión de BLOB puede haber sido un éxito, pero su futuro sigue siendo incierto. ¿Será reemplazada su fuente de energía a tiempo? ¿Será BLOB capaz de servir a su propósito nuevamente? Solo el tiempo lo dirá.

LORDS OF MIDNIGHT

Luxor, el Príncipe Lunar, era un poderoso gobernante que comandaba la voluntad del anillo lunar, un misterioso artefacto con el poder de conceder a su portador visiones del futuro. Se decía que el poder de Luxor nunca sería quebrantado mientras tuviera su precioso anillo lunar. Sin embargo, no todo estaba bien bajo el gobierno de Luxor. El miedo reinaba en su reino y aquellos que se atrevían a oponerse eran silenciados sin piedad. Además, Luxor tenía un hijo secreto, Morkin, a quien había mantenido oculto del pueblo por temor a cualquier posible revuelta. A pesar del miedo que parecía prevalecer en todo el reino, Luxor y Morkin tenían un vínculo especial. Eran tan cercanos como padre e hijo, y muchas veces Luxor le contaba a Morkin historias sobre un poder oscuro y antiguo que se encontraba en lo profundo de las fronteras del reino. Un día, Luxor recibió noticias de que el malvado Rey Doomdark había estado aterrorizando el reino. Su maléfico poder era la fuente de una misteriosa maldición que debilitaría la fuerza y el ánimo de cualquiera que se opusiera a él. En un intento desesperado por salvar a su pueblo, Luxor sabía que solo Morkin podría ser inmune al Miedo de Hielo. Y así, Luxor envió a Morkin en una peligrosa misión para destruir la Corona de Hielo y poner fin al reinado de Doomdark. Contra todo pronóstico, Morkin emergió victorioso y la paz volvió a reinar en el reino. Con Doomdark desaparecido, Luxor finalmente pudo centrar su atención en los asuntos de su reino. Le confió su amado anillo lunar a su hijo y procedió a construir un futuro para su pueblo, un futuro que nunca sucumbiría al miedo.

Y desde entonces, la leyenda de Luxor y su hijo Morkin ha sido recordada con orgullo en la mente de todos los que la escuchan. Luxor, el Príncipe Lunar y Morkin, quien venció al Miedo de Hielo, siempre serán recordados.

Durante siglos, Shareth el Ladrón de Corazones había sido una figura misteriosa en las sombras. Era un mago malvado que constantemente planeaba su ascenso al poder. Nunca había tenido éxito hasta la muerte del Rey Doomdark y el vacío de poder resultante que esto había creado. Ahora, sin nadie que se le oponga, Shareth finalmente había obtenido la oportunidad que había estado esperando. Shareth había puesto su mirada en el reino de Morkin y su mayor tesoro, el hijo de su gobernante, Luxor el Príncipe de la Luna, Morkin. Había utilizado su magia oscura para convertir el corazón del joven príncipe contra su padre y convencerlo de que lo siguiera. Antes de que Luxor tuviera la oportunidad de reaccionar, Shareth había llevado a Morkin a las Llanuras de Anvaril, una tierra distante y peligrosa. La corte de Morkin había enviado un llamado de ayuda a los Fey, una raza mágica de criaturas que vivía en los bosques del reino. Los Fey habían respondido en la forma de Tarithel el Fey, un mago poderoso y sabio que había sido encargado de encontrar y rescatar a Morkin. Tarithel había rastreado a Morkin hasta las Llanuras de Anvaril y lo había encontrado siendo retenido por las fuerzas de Shareth. Tarithel había logrado atravesar la barrera mágica que había sido colocada alrededor de Morkin y liberarlo de sus captores, pero no había podido romper el hechizo de Shareth. Para hacerlo, tuvo que ir al corazón de las Llanuras de Anvaril y enfrentarse a Shareth él mismo. Tarithel había llegado al oscuro castillo de Shareth y lo había confrontado. Shareth había presumido sobre su victoria y el control que tenía sobre Morkin hasta que Tarithel presentó el artefacto mágico que había recogido en sus viajes.

Él había utilizado el poder combinado de los artefactos para interrumpir la oscura magia de Shareth, rompiendo su control sobre Morkin y liberándolo de su encantamiento. Morkin había regresado inmediatamente a Morkin y se había reunido con su padre, y el reino había celebrado la restauración de su príncipe. Luxor había recompensado a Tarithel con un lugar de honor en su corte, y había pasado a convertirse en un consejero de confianza del Moonprince. Con Shareth el Heartstealer derrotado y Morkin de vuelta en casa, el reino de Morkin había sido salvado. Tarithel y Luxor se habían vuelto a convertir en amigos cercanos y aliados, y su alianza y amistad continuarían siendo una fuente de fortaleza y seguridad para el reino de Morkin durante muchos años más.

DIZZY

Dizzy estaba decidido a encontrar la poción y liberar a su gente. Saltó alto en los árboles buscando la poción mágica. Mientras continuaba su búsqueda, escuchó un fuerte rugido. Miró alrededor y notó una criatura extraña con un pico amarillo y ojos rojos. Era la mujer gitana. Ella le habló a Dizzy sobre la Poción Avawifforce y le advirtió que se encontraba en el bosque profundo, protegido por un mago malvado. Dizzy le agradeció la información y continuó en su búsqueda. Pronto llegó a la entrada del bosque profundo. Entró con precaución, buscando cuidadosamente cualquier señal de peligro. De repente, de la nada, un fuerte ruido asustó a Dizzy y saltó de sorpresa. Notó un gran castillo espeluznante en la distancia. Había encontrado el castillo de Zaks. Después de unos momentos de contemplación, Dizzy decidió ir a buscar la Poción Avawifforce. Se abrió paso por el castillo, esquivando las trampas puestas por Zaks. Después de unas horas de búsqueda, finalmente encontró la Poción Avawifforce, escondida detrás de una puerta cerrada con llave. Después de abrir la puerta, Dizzy fue recibido por un gran dragón púrpura y amarillo. El dragón explicó que era el guardián de la poción y que no dejaría que nadie la tomara a menos que pudieran responder tres acertijos. Dizzy no era ajeno a los acertijos, así que aceptó el desafío. Después de responder correctamente a los tres acertijos, el dragón abrió la puerta, dándole a Dizzy acceso a la poción. Dizzy estaba extasiado y corrió de vuelta a su Egg-nación para compartir su victoria con ellos. El Egg-nación celebró en triunfo ya que Dizzy había salvado su tierra de las garras del malvado brujo Zaks y finalmente los había liberado del temido pie de atleta.

Dizzy fue aclamado como un héroe y fue recompensado con un gran banquete y una reputación duradera de ser un aventurero valiente y valeroso. A partir de entonces, Dizzy fue conocido como el Huevo Saltarín Épico, una leyenda para todos los que escucharon su historia. Él estableció un ejemplo de coraje y resistencia, y su historia se convirtió en una inspiración para todas las generaciones que siguieron, animándolos a seguir adelante y nunca rendirse.

FANTASY WORLD DIZZY

Dizzy estaba completamente solo - enfrentándose a una muerte segura - cuando, a través de la oscuridad y el desespero, vio algo brillando en una esquina cercana. ¡Era un amuleto mágico que brillaba intensamente! Lo agarró rápidamente y lo puso alrededor de su cuello, sintiendo de repente una oleada de poder y fuerza. Se dio cuenta de que era hora de luchar por Daisy. Saltó, giró y rebotó alrededor del calabozo, rompiendo las barras, destrozando paredes y finalmente liberándose. Luego se enfrentó a un enorme ogro de dos cabezas. Utilizando los poderes mágicos del amuleto, logró burlar a la bestia y continuar su búsqueda de Daisy. La encontró y juntos salieron de la Torre Más Alta del Mago Extraño, saltando obstáculos y esquivando hechizos mágicos. En su camino, Daisy encontró otro objeto mágico: ¡una cáscara de huevo mágica! Pero la cáscara estaba agrietada en dos y había algo dentro que brillaba con una luz deslumbrante. ¡Era un huevo mágico rebotando! Aparentemente, el amuleto había otorgado a Dizzy poderes especiales para saltar como un huevo. Con esta nueva fuerza, Dizzy pudo salvar a Daisy del troll del Rey Malvado y atravesar cualquier obstáculo que se les interpusiera. Saltando y rebotando en huevos mágicos, Dizzy y Daisy salieron del Mundo de la Fantasía, de regreso al mundo real, donde vivieron felices para siempre. Dizzy y Daisy ahora viajan juntos por el mundo, sin olvidar nunca el poder mágico del amuleto del huevo saltarín.

CHAOS

El universo había estado en un estado turbulento durante algún tiempo, con fuerzas caóticas y legales luchando en una constante lucha por el control. Pero no importaba cuánto se intensificaran las batallas, ningún bando parecía obtener una posición firme, dejando al mundo en un estado constante de flujo. En medio de todo esto, eras un poderoso mago. Eras conocido por tu dominio de las artes arcanas y tu habilidad para crear hechizos poderosos. Viajabas por el mundo, visitando todo tipo de lugares en busca de conocimiento, poder y aventura. A pesar del tumulto, estabas contento. Pero cuanto más viajabas, más comenzabas a notar un extraño fenómeno. Tus hechizos, una vez tan confiables, se volvían cada vez más difíciles de lanzar. No podías entender por qué. Tu comprensión de la magia seguía siendo tan afilada como siempre, pero los hechizos de alineaciones opuestas no cooperaban. Al principio, lo atribuiste a los tiempos caóticos. Pero a medida que crecía tu experiencia, comenzaste a darte cuenta de que algo extraño estaba sucediendo. Parecía que cuanto más caótico se volvía el universo, menos probabilidades había de que tus hechizos se lanzaran con éxito. Esto te llevó a una decisión difícil. Tuviste que decidir en qué alineación enfocarte. Elegiste la legal. Creías que al especializarte en una forma de magia, podrías contrarrestar los efectos de la energía caótica. Funcionó. Rápidamente notaste que tus hechizos se volvían más fáciles de lanzar. Sentías como si hubieras ganado una nueva perspectiva sobre el mundo. Pero tu viaje estaba lejos de terminar. A medida que explorabas más, comenzaste a descubrir nuevos y poderosos artefactos mágicos.

Estas herramientas, conocidas como Cuchillos Mágicos, Espadas Mágicas y Arcos Mágicos, permitían a cualquier mago atacar incluso a las criaturas no muertas más poderosas. Armado con estas poderosas herramientas, comenzaste tu misión. Estabas listo para cualquier cosa que el universo caótico te arrojara. Estabas decidido a restaurar el orden en el mundo. Y así, comenzó tu aventura. Viajaste por el mundo, enfrentando muchos desafíos y adversarios en el camino. Finalmente, llegaste al juego final. Aquí, enfrentaste tu desafío más peligroso hasta ahora. Pero esta vez, el caos del universo no tuvo efecto en tus hechizos. Contra todo pronóstico, pudiste lanzarlos con éxito y derrotar a tus enemigos. Esto marcó el final de tu viaje. Lo habías logrado. Habías restaurado el orden en el mundo. Y al hacerlo, habías demostrado al mundo que el caos y la ley pueden coexistir.

LORDS OF CHAOS

La batalla fue larga y difícil; cuando se asentó el polvo y se disipó el humo, los Magos casi habían sido aniquilados. Los pocos sobrevivientes estaban dispersos, protegiendo su conocimiento e intentando reconstruir lo que pudieron con los recursos que tenían. Los Magos se dieron cuenta rápidamente de que necesitaban encontrar una manera de ser más fuertes. Aprovechando su conocimiento, crearon poderosos hechizos, encantando armas y armaduras para darles ventaja en la batalla. También descubrieron artefactos poderosos, restos de una época olvidada, y los usaron para mejorar sus habilidades. Usando la nueva fuerza, los Magos se dispusieron a reclamar sus hogares y familias. Trabajaron juntos, en un esfuerzo por devolver cierta medida de equilibrio al universo. El tiempo pasó y los números de los Magos crecieron. Comenzaron a explorar el mundo y sus misterios, encontrando nuevas y poderosas formas de manejar su magia. A medida que aumentaba su poder, también lo hacía el caos en el universo. Los Magos sintieron la necesidad de proteger su nueva fuerza, por lo que se reunieron en secreto, sin volver a revelar su potencial completo. Crearon una serie de hechizos poderosos llamados Magic Knife, Magic Sword y Magic Bow. Estos hechizos eran increíblemente potentes y podían usarse fácilmente para luchar contra las fuerzas oscuras que se estaban volviendo cada vez más poderosas y numerosas. Los Magos usaron estos hechizos para proteger sus hogares y familias, y sus números crecieron rápidamente. A medida que trabajaban juntos, desarrollaron las estrategias y tácticas necesarias para tener éxito en la batalla. Finalmente, su fuerza era tal que podían desafiar incluso a las criaturas más oscuras.

Los Magos finalmente habían traído equilibrio al universo y el caos se mantuvo a raya. Con su nueva fuerza, los Magos pudieron restaurar la paz y el orden en su mundo.

Aunque los Magos nunca recuperarán lo que han perdido, continúan protegiendo sus hogares y familias con el poder de su Magic Knife, Magic Sword y Magic Bow. Se recuerdan a sí mismos y a otros su pasado y cómo su fuerza puede ser utilizada para el bien. Y a medida que pasan las edades, su historia es recordada y su legado continúa vivo.

HORACE GOES SKIING

Horace era un hombre de medios moderados que había acumulado recientemente una pequeña fortuna a través de una empresa. Era un esquiador apasionado y había soñado con competir en una competición de esquí durante años. Pensó que si ganaba, podría ser bastante rico y próspero. Todo lo que necesitaba hacer era invertir un poco en equipo de esquí y estaría listo. Así que salió y compró el último y mejor equipo de esquí. Estaba decidido a hacer lo que fuera necesario para convertirse en campeón. Desafortunadamente, su entusiasmo tenía un costo: si rompía alguno de sus equipos, todos sus ahorros se evaporarían. Pero estaba decidido y eliminó la preocupación de su mente. Cuando comenzó a esquiar en la competencia, Horace se dio cuenta de lo difícil que era la competencia. Estaba claro que no era el mejor esquiador allí y tendría que esforzarse más que nunca para tener una oportunidad de ganar. Pero a medida que continuaba, se encontró mejorando cada vez más. Su entusiasmo crecía y ahora estaba seguro de que podía ganar. Pero entonces ocurrió el desastre. Horace estaba en una de las pistas más difíciles y perdió el control de sus esquís. En unos segundos, estaba parado en la parte inferior de la montaña con una gran grieta en sus esquís. Todos sus ahorros se habían evaporado y se sintió completamente desanimado. Horace estaba listo para renunciar, pero luego escuchó los aplausos de ánimo de la multitud. Se dio cuenta de que estaban animándolo por su valentía al intentar la ruta difícil. Recordó su sueño y decidió intentar competir de nuevo. Horace se esforzó más que nunca y llegó al final del curso. No fue suficiente para ganar, pero se había ganado la admiración de muchas personas en la multitud.

También se había dado cuenta de lo valiente y determinado que podría ser si se lo proponía. Desde entonces, cada vez que enfrentaba un desafío difícil, recordaría esa inspiradora competición de esquí y la valentía que encontró dentro de sí mismo.

HORACE AND THE SPIDERS

Horace salió con una determinación y un propósito claros. Estaba armado con cuatro frascos de suero que lo protegerían de cualquier mordedura potencialmente fatal. Estaba decidido a librar a las montañas de arañas de los letales octópodos que las habitaban. Comenzó la primera parte de su viaje ascendiendo las colinas. El camino era sinuoso y peligroso, con rocas y raíces desgarradas que obstruían su camino. Tenía que estar constantemente en guardia, ya que las arañas solían emboscar a los viajeros mientras pasaban. Horace continuó ascendiendo sin amilanarse ante la ocasional explosión de veneno de una araña o el amenazante silbido de uno de sus congéneres. Cuando finalmente llegó a la cima de la colina, lo esperaba la segunda parte de su tarea: el traicionero Puente de Araña. Horace se preparó mentalmente para esta parte del viaje y procedió con cautela, sabiendo que un movimiento en falso podría traer su perdición. Sus movimientos eran firmes y controlados, y logró pasar con éxito el puente. La última parte de su misión era ascender a la cueva y matar a las arañas que había dentro. Compró una serie de cuchillas en un pueblo cercano y se adentró en la cueva. Se abrió camino a través de la oscuridad, esquivando a las arañas venenosas que parecían acechar en cada esquina. ¡De repente, justo cuando pensó que había llegado al final, un gigantesco octópodo se alzó frente a él! Horace reaccionó rápidamente y pinchó al monstruo con su último frasco de suero, haciéndolo caer muerto. Con el octópodo abatido, Horace había completado su tarea y regresó a la base de la colina, sintiendo una sensación de logro. Para cuando llegó al pie de la colina, Horace había usado todo su suero y se dio cuenta de que tenía que abandonar su búsqueda.

Aunque estaba decepcionado de no poder continuar, Horace sabía que había hecho la diferencia al liberar a las Montañas de Araña de los letales octópodos. Tomó un momento para disfrutar de la paz y la soledad de la montaña antes de continuar su viaje.

SABOTEUR !

El mercenario altamente capacitado, Mark, había sido contratado para infiltrarse en un edificio de seguridad central disfrazado de almacén. Sabía que las apuestas de la misión eran altas. Si tenía éxito, obtendría el disco que contenía los nombres de todos los líderes rebeldes antes de que su información fuera enviada a las estaciones de seguridad periféricas. Mark había sido entrenado en artes marciales desde que era niño y estaba seguro de sus habilidades. También había sido entrenado en infiltración y espionaje, especializándose en escenarios como el que estaba a punto de enfrentar. Mark esperó en el muelle hasta la caída de la noche, cuando sabía que los guardias estarían relajados. Se deslizó en su bote y remó silenciosamente hacia el almacén. A medida que se acercaba, evaluó el edificio. Estaba fuertemente custodiado desde el frente, con varios guardias armados patrullando la entrada. Pero Mark sabía que este era un edificio de seguridad central, y no tenía dudas de que la entrada trasera estaría mucho menos fortificada. Mark rápidamente se dirigió a la entrada trasera y, como se esperaba, había menos seguridad. Escaló fácilmente las paredes y llegó al techo. Desde allí, Mark pudo ver un puesto de control de seguridad ubicado cerca del centro del edificio. Sabía que para llegar al disco, tendría que pasar por este puesto de control. Mark se preparó y se dirigió al puesto de control, evitando a los guardias lo mejor que pudo. Finalmente, llegó a la puerta, con el corazón latiendo. Rápidamente abrió la cerradura y se dirigió silenciosamente al interior. Se encontró en una pequeña habitación con una terminal de computadora.

Sabía que allí encontraría el disco. Rápidamente accedió a la computadora y copió la información en un flash drive.

Mark tenía que actuar rápidamente; estaba seguro de que la seguridad estaba en camino. Se dirigió a la entrada trasera y, afortunadamente, los guardias no lo habían notado. Respiró aliviado mientras se deslizaba silenciosamente en su bote y se alejaba remando. Mark había logrado su misión. Había asegurado el disco con los nombres de todos los líderes rebeldes antes de que la información tuviera la oportunidad de ser enviada a las estaciones de seguridad periféricas. Había tenido éxito.

TRASHMAN

Matt estaba acostumbrado a la monotonía de su tarea diaria: vaciar los contenedores de las calles de su vecindario. Esta era su responsabilidad y la tomaba en serio. No era un trabajo glamoroso, pero era uno que mantenía el vecindario limpio y ordenado. Hoy, el camión de la basura había llegado temprano, y Matt ya estaba afuera con su bolsa y pinzas, caminando por la calle y vaciando los contenedores. Uno por uno, Matt caminaba arriba y abajo de cada calle, vaciando cada contenedor en el camión de la basura. Sus pasos se habían vuelto tan familiares para él, casi como un ritmo, y disfrutaba de la paz y la tranquilidad de la mañana temprano antes de que sus vecinos se despertaran. Al final de cada calle, Matt se colocaba al lado del camión de la basura, vaciaba la bolsa de basura en la parte trasera y la ataba, lista para la próxima parada. Aunque era la misma rutina todos los días, encontraba consuelo en la simplicidad de su trabajo y en poder marcar la diferencia en su vecindario. Sin embargo, hoy era diferente. A medida que el camión de la basura se movía por la calle con Matt siguiéndolo, notó que algunos de los contenedores rebosaban de basura y que empezaba a derramarse en la calle. Se sorprendió - esto no era normal. Rápidamente detuvo el camión de la basura y llamó al conductor. Juntos, comenzaron a quitar la basura extra de los contenedores y, con la ayuda de Matt, lograron limpiar la calle en poco tiempo. La descripción del trabajo de Matt no incluía este nivel de trabajo antes y se sentía especialmente orgulloso de sí mismo - nadie más lo había notado o hecho algo al respecto.

Finalmente, la calle volvió a estar limpia y ordenada. Matt suspiró aliviado, sabiendo que había hecho una verdadera diferencia hoy. Terminó de vaciar los contenedores y se despidió del conductor del camión de la basura mientras se alejaban, contento de haber hecho su deber.

CYBERNOID

El sol se levantó lentamente sobre el horizonte de un planeta estéril y desolado. El único sonido que adornaba el tranquilo cielo era el motor de una nave espacial arcaica surcando el aire. En su interior, una figura solitaria se sentaba al timón, navegando con cuidado a través del espacio que rodeaba el planeta. Era un veterano de las fuerzas espaciales de la Federación, habiendo participado en combate en numerosas ocasiones. Se le había encomendado una tarea difícil: recuperar la carga que había sido robada por piratas en recientes incursiones contra los depósitos de almacenamiento de la Federación. La carga consistía en valiosos minerales, joyas, municiones y lo último en armamento de batalla. Era esencial que recuperara esta carga, ya que era fundamental para el esfuerzo de guerra continuo de la Federación. Su misión tenía un solo objetivo: devolver la carga a su lugar legítimo en los depósitos de almacenamiento. A medida que la nave solitaria descendía a la atmósfera, fue rápidamente interceptada por un escuadrón de cazas piratas. La cabina cobró vida con el sonido de disparos de bláster y explosiones. El piloto veterano se vio obligado a repeler el ataque lo mejor que pudo, pero estaba claro que las fuerzas piratas estaban decididas a impedir que su botín fuera recuperado. Después de un esfuerzo heroico, el piloto logró repeler el asalto pirata y llegar a la superficie del planeta. Sin embargo, ahora se enfrentaba al desafío de negociar los complejos sistemas de defensa planetaria que habían sido activados por los piratas. Sabía que la única forma de tener éxito sería maniobrar su camino a través del laberinto de haces de láser y otras defensas automatizadas.

El piloto logró maniobrar con éxito a través de las defensas, avanzando constantemente hacia su objetivo.

Al acercarse a los depósitos de almacenamiento, se encontró con un grupo de guardias piratas fuertemente armados. Después de un breve enfrentamiento, el piloto veterano logró vencer a los guardias y recuperar la carga robada. Con su misión exitosa, el piloto veterano regresó a la fortaleza de la Federación. La carga robada se colocó cuidadosamente de vuelta en los depósitos de almacenamiento, y el piloto veterano regresó a sus cuarteles, seguro en el conocimiento de que había recuperado la carga y la había devuelto a su lugar legítimo. La Federación estaba a salvo, y el piloto veterano había cumplido con su deber.

PYJAMARAMA

Wally despertó sobresaltado al sonido de un metálico y creciente tic-tac. Miró a su alrededor en su habitación oscura, iluminada por la luz de la luna que entraba por la ventana, pero no pudo encontrar la causa del ruido. De repente, el tic-tac se detuvo y una voz profunda dijo: "Wally, sé que puedes oírme". Sintió un escalofrío recorrer su espalda al darse cuenta de que la voz pertenecía a su padre, quien había fallecido hace unos años. La voz continuó: "Wally, debes despertar y tomar el control de tus pesadillas. Te han estado acechando durante demasiado tiempo, y es hora de que las enfrentes de frente y las pongas fin. Debes encontrar el reloj, y luego darle cuerda". Wally estaba demasiado asustado para moverse, pero se sentía obligado a obedecer la voz. Tropezando en la oscuridad, intentó encontrar la fuente del tic-tac. Pronto localizó un reloj de abuelo en la esquina de la habitación. Temblando, le dio cuerda al reloj y se sorprendió al ver que las manecillas ya habían avanzado varios minutos. La voz habló de nuevo: "Buen trabajo, Wally. Ahora, si miras el reloj, la hora es las 3:33. Esta es la hora de tus pesadillas. Si puedes aguantar los próximos minutos, el resto de la noche será libre de pesadillas. El reloj es la clave: se convertirá en tu aliado en la lucha contra tus demonios mentales". Wally fijó su mirada en el reloj mientras las manecillas avanzaban un segundo a la vez. Sintió su corazón latiendo fuertemente en su pecho mientras los minutos pasaban lentamente. El tic-tac del reloj parecía hacerse más fuerte y Wally podía sentir cómo su miedo y angustia aumentaban. Finalmente, las manecillas marcaron las 3:36 y el tic-tac se detuvo. La voz habló una última vez antes de que Wally se durmiera: "Bien hecho, Wally.

Ahora que sabes cómo manejar tus pesadillas, tus sueños serán más agradables". Wally se sintió aliviado cuando despertó por la mañana, sabiendo que había conquistado sus pesadillas. Estaba agradecido por la sabiduría impartida por la misteriosa voz y se comprometió a no olvidar sus consejos. Ahora, en lugar de la temida pesadilla, Wally solo tiene sueños placenteros.

EVERYONE'S A WALLY

Wally y su familia habían estado fuera por un tiempo, después de un largo período en el extranjero por negocios y placer. Pero ahora, toda la familia estaba de vuelta y ansiosa por ponerse manos a la obra. Junto con sus amigos de toda la vida Tom, Dick y Harry, estaba listo para comenzar un nuevo trabajo de construcción. El primer día en el sitio, Wally y su equipo fueron recibidos por la pandilla que había sido contratada para hacer el trabajo. Esperaban ser pagados lo antes posible, pero Wally no tenía idea de cómo hacerlo. No tenía la combinación de la caja fuerte donde se guardaba el dinero. Para empeorar las cosas, la pandilla se estaba poniendo inquieta y enojada por la demora. Wally y sus amigos tuvieron que pensar rápido y idear un plan. Después de algunas ideas, se les ocurrió la idea de usar una caja de seguridad con combinación. La pandilla quedó muy impresionada y rápidamente aceptaron el plan. La caja se abrió y se recuperó el dinero. Pero lo que la pandilla no sabía era que Wally y su familia habían guardado una pequeña sorpresa dentro de la caja. Una vez que se recuperó el dinero, Wally, Wilma, Herbert, Tom, Dick y Harry revelaron su sorpresa. Cada uno había guardado en secreto un regalo especial para la pandilla para mostrar su agradecimiento. Había pelotas de béisbol, baloncesto, fútbol americano y más dentro de la caja. Todos estaban encantados con los regalos y se escuchó un gran grito de la pandilla. Con el trabajo hecho, Wally y su familia y amigos se despidieron de la pandilla agradecida y regresaron a casa. Todos estuvieron de acuerdo en que este había sido uno de los trabajos más gratificantes que se haya hecho y que la combinación había valido la pena el riesgo.

Durante los próximos meses, Wally continuó trabajando duro, asumiendo muchos trabajos más con la ayuda de sus amigos y familiares. Aunque los días a menudo eran largos y difíciles, Wally estaba contento de estar de vuelta con su familia y amigos y haciendo algo que amaba. La vida era buena.

THREE WEEKS IN PARADISE

Wally estaba solo en la densa jungla, buscando desesperadamente a sus seres queridos, Wilma y Herbert. Había oído que los Can Nibbles, una tribu que vivía en la isla, los había tomado como rehenes. Wally tenía que encontrar y usar ciertos objetos para rescatarlos, y estaba decidido a no dejar la jungla hasta que lo lograra. Había estado caminando durante horas, y el calor opresivo estaba haciendo estragos en él. Tenía sed y estaba exhausto, pero seguía adelante. Tenía que encontrar a Wilma y Herbert antes de que fuera demasiado tarde. Mientras Wally avanzaba por la densa vegetación, se encontró con varias criaturas peligrosas. Tenía que tener cuidado de no molestarlas o hacer movimientos bruscos que pudieran asustarlas. También encontró plantas y árboles exóticos, y recogió varios objetos que pensó que podrían ayudarlo en su búsqueda. Tomó un poco de corteza de un árbol cercano para hacer una antorcha improvisada, que podría usar para iluminar su camino en la oscuridad de la jungla. También encontró una piedra afilada que podría usar para hacer un arma o una herramienta. Lo guardó consigo y lo mantuvo oculto debajo de su ropa. Finalmente, después de horas de caminar, Wally tropezó con un claro. Miró a través de los árboles y vio una pequeña choza a lo lejos. ¡Este debía ser el campamento de los Can Nibbles! Se acercó con cautela, con el corazón latiendo fuertemente. Vio a un grupo de personas reunidas alrededor de un fuego, y notó a Wilma y Herbert sentados entre ellos. El corazón de Wally saltó de alegría. ¡Los había encontrado! Dio un paso adelante, pero de repente el grupo de personas comenzó a moverse hacia él con armas en la mano.

Wally corrió hacia la jungla, sabiendo que tenía que usar los objetos que había recogido para protegerse a sí mismo y a sus seres queridos.

Con la corteza y la piedra que había recogido, hizo un arco y flechas y se dispuso a luchar contra los Can Nibbles. Disparó flecha tras flecha, y finalmente logró hacer retroceder a la tribu y rescatar a su familia. Wally y Wilma se abrazaron y Herbert corrió feliz hacia sus brazos. Wally había encontrado a su familia y los había salvado de los Can Nibbles. Había usado los objetos que había encontrado en su larga y ardua caminata para tener éxito en su misión. La familia se quedó en la jungla esa noche, seguros y finalmente reunidos. Fue un milagro que Wally los hubiera encontrado, y el trío sabía que era un milagro que los acompañaría para siempre.

QUAZATRON

KLP-2 era un droide Meknotech, asignado a la tarea de élite de desactivar droides alienígenas hostiles que habían infiltrado recientemente la ciudad subterránea de Quazatron en el planeta Quartech. KLP-2 había sido modificado con sistemas de armas mejorados, y su programación había sido cableada específicamente para combatir y desactivar los droides alienígenas. Armado con cañones láser y sensores avanzados, el droide estaba listo para luchar. KLP-2 fue enviado junto con un pequeño equipo de fuerzas de seguridad de Quazatron para buscar a los alienígenas. El equipo avanzó más profundamente en la ciudad, encontrando evidencia de la presencia de los alienígenas a medida que avanzaban. Con cada paso adelante, las fuerzas de seguridad sentían que su ansiedad y miedo crecían. Sin embargo, KLP-2 no tenía miedo. Sus sensores podían detectar a los alienígenas y sus sistemas de armas desde una gran distancia. El droide se dirigió rápidamente al lugar de los alienígenas. Pronto, el droide estaba cara a cara con los robots hostiles. Sin dudarlo, KLP-2 cargó contra ellos, disparando sus armas y desactivando varios de los alienígenas. Los alienígenas restantes se retiraron y KLP-2 los siguió, destruyéndolos implacablemente y desactivando con éxito a los invasores. Con la misión completa, KLP-2 regresó a su base, triunfante. Las fuerzas de seguridad de Quazatron elogiaron al droide y lo recompensaron con un premio especial y acceso a las piezas recuperadas de los alienígenas, que podía usar para mejorar y ampliar sus instalaciones y resistencia.

KLP-2 había completado con éxito su misión y demostrado ser un activo poderoso y confiable, salvando a Quazatron y sus habitantes de los invasores alienígenas y demostrando ser una parte invaluable del sistema de defensa del planeta.

REBEL STAR

Los Rebelstar Raiders, un grupo de luchadores por la libertad de lo más variopinto, habían infiltrado una base lunar Imperial clasificada. Después de meses de trabajo minucioso, habían confirmado sus sospechas de que esta base enterrada era el escondite de ISAAC, la inteligencia informática Imperial responsable de descifrar los códigos secretos de la Rebelión. Los Rebeldes no tenían más remedio que tomar una acción decisiva. Después de una cuidadosa consideración, los Rebeldes idearon un plan para destruir la instalación y la inteligencia informática junto con ella. Si tenían éxito, sería un golpe paralizante para las fuerzas del Imperio. Los Rebeldes tenían el equipo perfecto para la misión. Estaba compuesto por unos pocos de los mejores pilotos de la galaxia y un puñado de combatientes de la resistencia fuertemente armados. Los pilotos tenían experiencia en encuentros peligrosos, pero nunca se habían enfrentado a nada como las formidables defensas de Moonbase Delta. La misión comenzó como los Rebelstars habían planeado, pero al descender sobre la base lunar, fueron recibidos con un aluvión de fuego de la multitud de torretas defensivas. Los Rebeldes evadieron frenéticamente las explosiones y pronto se encontraron en un feroz combate aéreo con los cazas estelares Imperiales. El estrés de la batalla era implacable y el resultado estaba lejos de ser seguro. En medio del tiroteo, los Rebeldes lograron romper las defensas Imperiales y llegaron a la superficie de la base lunar. Ahora comenzaba la verdadera lucha. Los comandos Rebeldes se enfrentaron en un caótico y desesperado tiroteo con las tropas Imperiales en el suelo. Ola tras ola de combatientes de la resistencia fueron abatidos mientras los Rebeldes avanzaban.

Finalmente, después de una batalla agonizantemente larga, los Rebeldes penetraron en la instalación y llegaron al núcleo de la computadora. Los Rebeldes inmediatamente empezaron a destruir el núcleo principal y todos sus componentes. Mientras trabajaban, sabían que estaban en una cuenta regresiva; pronto llegarían refuerzos Imperiales y toda la misión podría ser en vano. Pero sus esfuerzos dieron sus frutos. El núcleo de la computadora fue destruido y los Rebeldes escaparon de Moonbase Delta en el último momento. ISAAC, la inteligencia informática Imperial, había desaparecido para siempre. Los Rebelstar Raiders habían logrado lo imposible, y la Rebelión había obtenido una victoria bien merecida.

JACK THE NIPPER

No pasó mucho tiempo antes de que Jack hubiera animado las cosas un poco. Corría desenfrenadamente por las calles, disparando guisantes a los transeúntes inocentes y causando el caos en general. Los habitantes del pueblo estaban en estado de shock, ya que nunca habían visto un comportamiento tan escandaloso. Un hombre especialmente valiente, el Sr. Smith, decidió tomar las riendas de la situación y enfrentarse a Jack. Se acercó a Jack y dijo: "¡Eh tú! ¿Qué crees que estás haciendo, causando todos estos problemas? ¡Deberías sentirte avergonzado!". Pero Jack solo sonrió y dijo: "Sr. Smith, ¿por qué no te unes a mí y te diviertes un poco? Este pueblo es tan aburrido; necesitamos un poco de travesuras para animarlo". El Sr. Smith se sorprendió ante la sugerencia de Jack, pero pensó por un momento y decidió que tal vez había algo en lo que el niño decía. Así que se unió a Jack en su diversión, y los dos continuaron corriendo por el pueblo, causando el caos dondequiera que iban. No pasó mucho tiempo antes de que los habitantes del pueblo se enteraran de lo que estaba sucediendo y salieran en masa para ver qué era todo el alboroto. Al principio se sorprendieron, ya que nunca habían visto a nadie comportarse de esa manera, pero al ver a Mr. Smith y a Jack divirtiéndose como nunca y haciendo el pueblo más animado de lo que nunca había sido, no pudieron evitar unirse a la diversión. Pronto, Jack se convirtió en una especie de celebridad local y fue conocido como el bromista residente del pueblo. Fue invitado a todas las fiestas de cumpleaños, picnics y ferias, e incluso le dieron el título honorífico de alcalde del pueblo.

Jack había encontrado su lugar en el mundo, y sus travesuras habían hecho que el pueblo fuera un lugar mucho más feliz.

La moraleja de la historia es que a veces ser travieso no es necesariamente algo malo, y que puede llevar a resultados muy positivos. Jack es un testimonio de esto, y siempre será recordado en su pueblo como un apasionado bromista que cambió el pueblo para mejor.

STOP THE EXPRESS

James avanzaba lentamente por el techo, tratando de mantener el equilibrio mientras el tren se tambaleaba sobre las vías. El paisaje afuera era desolador y hostil, con el calor brillante del desierto del Lejano Oeste abrumando sus sentidos. Se detuvo para tomar aire y continuar. De repente, sintió la presencia de algo, o alguien, observándolo. Se congeló, con el corazón latiendo con fuerza. Miró cautelosamente a su alrededor y vio a un hombre parado en la puerta del coche de la máquina. El hombre estaba vestido con un chaleco polvoriento y pantalones deshilachados, y su rostro estaba ligeramente bronceado por el sol. Llevaba un rifle y una larga hoja colgaba de su cadera. James supo de inmediato que era un bandido. El hombre le hizo un gesto de cabeza y lo llamó más cerca. James caminó cautelosamente, sintiendo que sus pies eran pesados como plomo sobre el techo. El bandido lo agarró del brazo y lo arrastró al interior del coche de la máquina. Podía sentir el calor del horno y el olor a aceite y humo. El hombre le habló con voz ronca, informándole que su tren estaba siendo secuestrado por una pandilla de forajidos y que si James quería detenerlos, tenía que ayudar. James dudó, pero sabía que no tenía elección. Siguió las instrucciones del bandido y, con cierto esfuerzo, logró liberar el freno y detener el tren desbocado. Los bandidos desaparecieron rápidamente y James quedó solo. Recuperó rápidamente sus pertenencias y, aliviado de que el peligro hubiera pasado, bajó del tren al aire fresco de la noche. El Lejano Oeste había cobrado otra víctima, pero James estaba orgulloso de sí mismo por enfrentar sus miedos y salir con vida.

Tomó una respiración profunda y comenzó a caminar, con un destino desconocido.

TURBO ESPRIT

El agente Smith había estado tras la pista de esta banda de contrabandistas de drogas por algún tiempo y finalmente los había atrapado en plena acción. Había escuchado rumores de que habían planeado encontrarse con un camión blindado, cargado con un gran envío de drogas ilegales, en un intercambio cercano. Silenciosamente, aparcó su coche en el borde del estacionamiento, lo suficientemente lejos para que no lo notaran. Su coche, un potente Lotus, estaba posicionado para interceptar el camión blindado y tomarlo por sorpresa. Desde su punto de vista, Smith podía ver los cuatro coches de los contrabandistas, con sus faros brillando en la noche. Observó cómo inspeccionaban el terreno, asegurándose de que no los estuvieran vigilando, mientras el conductor del camión blindado descargaba la carga. De repente, la atención de Smith se desvió de los contrabandistas al sonido de sirenas que se acercaban. Lo habían descubierto. Rápidamente, puso su coche en marcha, aceleró por el estacionamiento y bloqueó los coches de los contrabandistas para evitar que se fueran. Luego salió de su coche y apuntó su arma a los contrabandistas, ordenándoles que pusieran las manos en alto. Los contrabandistas obedecieron instantáneamente las órdenes de Smith, temblando mientras levantaban lentamente las manos por encima de sus cabezas. Smith los rodeó lentamente, su arma aún apuntando a sus cabezas, mientras alcanzaba su radio y pedía refuerzos. En cuestión de minutos, el estacionamiento estaba lleno de policías, que rápidamente arrestaron a los contrabandistas y confiscaron el envío de drogas. El agente Smith había detenido el envío ilegal de drogas y había puesto un gran golpe a la banda de contrabandistas, pero aún estaba preocupado.

Los contrabandistas habían intentado escapar con muchas drogas, y estaba seguro de que otros contrabandistas pronto tomarían su lugar. Sabía que la única manera de tener un impacto duradero era llegar a la fuente del problema: el camión blindado que transportaba las drogas.

Smith rápidamente llamó por radio a sus compañeros y siguió al camión blindado mientras se alejaba del estacionamiento. A lo lejos, pudo ver que se dirigía hacia un parque industrial apartado. Lo siguió adentro, y cuando cruzaron el estacionamiento, Smith vio al camión blindado hacer una curva brusca hacia un almacén. Rápidamente estacionó su coche a un lado, alertó a la policía y se preparó para actuar. Smith esperó hasta que el camión blindado salió del almacén, y luego encendió sus sirenas y avanzó hacia él. El camión blindado frenó bruscamente y el conductor del coche entró en pánico, tratando de escapar. Pero esta vez, Smith estaba preparado. Bloqueó el auto con su coche y con las sirenas aún sonando, se dirigió hacia el auto. "Soy el agente Smith de la policía", gritó, su arma todavía apuntando al conductor. "Sal del coche y pon las manos en alto". El conductor cumplió y Smith rápidamente confiscó las drogas del interior del coche. Lo había logrado. No solo había detenido a los contrabandistas de escapar con un gran envío de drogas, sino que también interceptó y detuvo al vehículo blindado de hacer su entrega final. Misión cumplida, o al menos por ahora. Con el vehículo blindado bajo custodia policial, Smith estaba seguro de que los demás contrabandistas pronto se enterarían de la captura y tomarían las precauciones necesarias para evitar ser capturados ellos mismos.

Estaba contento de haber logrado detener a estos contrabandistas, aunque sabía que para hacer un impacto duradero, todavía había que hacer más trabajo.

WHEELIE

Stuart cabalga a través de bosques y campos, pasando por acantilados y abismos, entre montañas y mesetas, a través de pueblos y ciudades, y sobre puentes que cruzan ríos y lagos. El atardecer proyecta largas sombras y las estrellas brillan en el cielo nocturno mientras se mueve en las sinuosas carreteras. La Zedexaki 500 es rápida y poderosa, y le da a Stuart una perspectiva totalmente diferente del mundo. Sus preocupaciones y dudas parecen evaporarse mientras absorbe la energía cruda de su paseo. De repente, aparece un erizo gigante en la carretera frente a Stuart. Frena bruscamente y se detiene. El erizo lo mira con desconfianza pero no se mueve. Stuart lo mira fijamente, con el corazón latiendo fuerte. De repente, el erizo habla con voz profunda. "Eres el jinete fantasma", dice. "Has sido elegido para salvar este mundo de los males que acechan en sus sombras. Monta duro y monta verdadero. ¡Adelante, jinete fantasma!" Stuart asiente y se atreve a pisar el acelerador, el motor rugiendo mientras el erizo se aparta. Respira el aire fresco de la noche y se va, la Zedexaki 500 acelerando con un gruñido. Cabalga toda la noche, esquivando obstáculos, saltando brechas y pasando por áreas de luz y oscuridad intensas. Al pasar por un bosque misterioso, siente una extraña presencia detrás de él, y sabe que el jinete fantasma está con él. Sale el sol y el jinete fantasma desaparece. Stuart está solo, pero se siente más fuerte y resistente que nunca. Sabe que ahora puede salvar este mundo de los males que acechan en sus sombras. Armado con la moto definitiva y impulsado por la valentía, cumplirá esta misión: la misión del jinete fantasma.

DYNAMITE DAN

Llegando en la oscuridad de la noche, Dan se dirigió sigilosamente hacia el dirigible, procurando no llamar la atención mientras navegaba por los cielos. La misión que le habían encomendado no era nada fácil: debía encontrar 8 barras de dinamita, utilizarlas para abrir una caja fuerte, y robar los planes cuidadosamente custodiados del arma secreta. Se adentró en el dirigible, buscando en cada rincón sin encontrar lo que necesitaba. Cada momento que pasaba en el barco lo hacía más y más ansioso. Podía sentir la presencia de algo que lo observaba y el aire parecía hacerse más pesado. El sudor frío le corría por la cara mientras se dirigía hacia las cubiertas inferiores, rezando para encontrar lo que necesitaba allí. Cuando finalmente llegó a las cubiertas inferiores, se alivió al encontrar una reserva de barras de dinamita, justo como había esperado. Ahora que tenía la dinamita, tenía que encontrar la caja fuerte. Buscó en el dirigible de arriba abajo y finalmente la encontró escondida en un rincón oscuro. Sacando sus herramientas, trabajó cuidadosamente para abrir la caja fuerte, agradecido por todo el tiempo que había pasado practicando para esta misión. Después de lo que pareció una eternidad, la caja fuerte finalmente hizo clic y se abrió. Miró adentro y encontró los planes del arma secreta. Los guardó cuidadosamente, asegurándose de que la caja fuerte pareciera intacta, antes de volver a la parte superior del dirigible. La misión fue un éxito y ahora Dan tenía lo que necesitaba para llevar los planes de vuelta a sus superiores. Se alejó del dirigible y desapareció en la noche, decidido a terminar lo que había empezado.

EXOLON

Vitorc y Exolon parecían una extraña pareja, uno un humano recluso y tímido, y el otro un gigante imponente hecho de metal brillante. Pero lucharon juntos como uno solo, unidos por un propósito compartido de proteger a los humanos de su mundo. Los dos se abalanzaron sobre oleadas de alienígenas, sus armas ardían. Vitorc utilizó su agilidad y velocidad para esquivar ataques y balas mientras que Exolon desató la destrucción con su voluminosa figura y poderosas armas. Juntos, abrieron un camino a través del implacable asedio. La habilidad de Vitorc con su bláster era incomparable, expertamente dirigía a los alienígenas de la cabeza a los pies, sin fallar nunca un disparo. Cuando un alienígena estaba demasiado cerca para la comodidad, utilizaba los enormes puños de Exolon para vencerlos hasta dejarlos inconscientes. Entonces, con un movimiento de su brazo, Exolon destrozaba la armadura del alienígena, dejándolo vulnerable a la ráfaga de ataques cuerpo a cuerpo del humano más pequeño. En medio del calor de la batalla, la pareja lanzó una granada mortal que incineró la cápsula de nacimiento de los alienígenas y los envió huyendo aterrorizados. La pareja observó cómo el ejército alienígena se retiraba, sabiendo que habían logrado algo grande. Ambos se abrazaron en la victoria, contentos de haber cumplido con su misión. Sabían que su fuerza y coraje combinados habían salvado a su mundo. Habían enfrentado el asedio alienígena directamente y habían prevalecido. Con la ayuda del otro, lograron lo imposible. Vitorc y Exolon, imparables juntos.

HIGHWAY ENCOUNTER

Los Vortons son un pequeño pero valiente equipo de luchadores por la libertad, una banda de rebeldes desaliñados liderados por el valiente y atrevido Stanley "Flynn" J. Morris. Junto con sus cuatro leales compañeros: Bailee, el osado espadachín, Firestorm, el ingeniero fuerte y constante, Levi, el bromista problemático, y Aro, el genio tecnológico, deben desafiar todas las probabilidades para llevar el Lasertron a su destino final. A pesar de su importancia, el viaje es increíblemente peligroso y lleno de peligros: desde enormes ejércitos de extraterrestres, hasta enormes centinelas robóticos, trampas astutas, hasta mazmorras oscuras y traicioneras. A su lado, sin embargo, está su confiable "piñón", un compañero robótico que proporciona información, consejos y esperanza. El viaje de los Vortons los lleva a través de muchos lugares, desde las ruinas de ciudades caídas, hasta la selva traicionera profunda, hasta las pantanosas y sombrías marismas, hasta las misteriosas tierras altas. En el camino, descubren secretos ocultos, encuentran poderosos aliados y descubren la verdad sobre sus enemigos. Finalmente, después de enfrentar abrumadoras probabilidades y condiciones traicioneras, los Vortons llegan a su destino: la Zona Cero. Para sorpresa de nadie, encuentran el bastión fuertemente custodiado por los extraterrestres. Si alguna vez van a salvar al mundo y poner fin a la amenaza alienígena, deben penetrar en las profundidades de la Zona Cero y destruir el Lasertron. Pero, con la tecnología superior y las fuerzas abrumadoras de los extraterrestres, incluso la más poderosa arma del mundo corre el riesgo de ser sellada para siempre.

¿Pueden los Vortons, un pequeño pero poderoso equipo de rebeldes, realmente cambiar el rumbo y salvar al mundo? ¿O se perderá el Lasertron para siempre y el reinado de terror catastrófico de los extraterrestres continuará sin control? El destino del mundo está en juego.

NEBULUS

En el planeta Nebulus, han estado apareciendo señales ominosas. Los mares se han agitado periódicamente sin explicación, mientras que se han descubierto torres gigantes que se alzan en el horizonte, alcanzando una altura impresionante de varios kilómetros. Está claro que algo extraño está sucediendo, y que sea lo que sea, no cuenta con la aprobación de la gente de Nebulus. Cuando la noticia llega a Destructo Inc., una misteriosa organización ubicada en el corazón de Nebulus, se hace una llamada urgente a su mejor operativo. Ese héroe es nuestro protagonista, una persona sencilla y sin dormir, pero no obstante eficiente en su trabajo. Cuando suena el teléfono, él está allí para responderlo y se le asigna inmediatamente la tarea de averiguar qué es esta fuerza misteriosa y cómo está relacionada con las torres que han estado surgiendo alrededor del planeta. Equipado con la última maravilla tecnológica, el Mini-Sub Mk.7, nuestro héroe se embarca en lo que seguramente será un viaje peligroso. Utilizará el Mini-Sub para explorar las profundidades del océano misterioso y buscar cualquier evidencia de lo que está sucediendo debajo de las olas. A medida que se sumerge cada vez más, encuentra formaciones extrañas y criaturas desconocidas, todas ellas aparentemente conectadas con estas estructuras imponentes. A medida que se acerca cada vez más a la verdad, se enfrenta a una fuerza más poderosa de lo que jamás esperó. Pero nuestro héroe está decidido, y no descansará hasta llegar al fondo de este extraño misterio. Él sabe que sea lo que sea lo que esté sucediendo, tendrá importantes implicaciones para la gente de Nebulus, y no se detendrá ante nada para protegerlos.

Armado con su confiable Mini-Sub, nuestro héroe se dirige hacia las profundidades desconocidas del planeta misterioso, listo para descubrir los secretos ocultos en las profundidades del mar. ¿Quién o qué está detrás de este fenómeno y cómo puede detenerse? Sólo una cosa es cierta: nuestro héroe no descansará hasta haber encontrado las respuestas.

WHERE TIME STOOD STILL

El avión cayó de repente mientras volaba entre los dos picos del Himalaya, sacudiendo a Jarret, el guía y piloto, a Clive, un hombre rico y obeso, a Gloria, su delicada hija, y a Dirk, su recién comprometido. Jarret luchó para mantener el avión estable mientras el viento golpeaba la frágil aeronave, tratando de desalojarlos del cielo. Gritó a sus pasajeros que se aferraran, pero el aire turbulento ya había sacado a Clive de su asiento y lo había depositado en el pasillo. La nariz del avión se hundió aún más y Jarret luchó con el volante para recuperarlos de la caída. Lo que no podía haber imaginado era que la turbulencia había sido causada por una manada de dinosaurios, galopando por el valle debajo de ellos. Las poderosas bestias eran del tamaño de caballos, sus largos cuellos y colas moviéndose con gracia a través de las nubes. Cuando el avión bajó, las criaturas se asustaron y sus gritos sorprendidos resonaron a su alrededor. Jarret recuperó el control e intentó alejarlos del peligro, pero las criaturas habían avistado su presa y tenían hambre. Se abalanzaron sobre el avión, sus cuerpos escamosos chocando contra el casco de metal y sus mandíbulas chasqueando y gruñendo. Los pasajeros se acurrucaron mientras las bestias mugían y arañaban, amenazando con destrozar el avión. Luego, tan rápido como había comenzado el asalto, terminó. Los dinosaurios se asustaron por algo invisible a lo lejos y se dispersaron a salvo. El avión emergió dolorosamente y Jarret reanudó su rumbo, pero sus pasajeros habían visto lo suficiente como para saber que ningún hombre occidental había llegado tan lejos y había sobrevivido para contarlo.

El avión voló durante un tiempo, pero estaba claro que algo más los estaba cazando; una banda de caníbales, buscando su próxima comida.

Los salvajes emergieron de las sombras, sus rostros retorcidos por la rabia. Flechas y lanzas volaron desde el suelo y se encontraron con el avión en pleno vuelo, mientras Jarret luchaba desesperadamente para mantener el avión en el aire mientras se acercaban. Los caníbales lanzaron sus armas con una precisión mortal y el avión se estrelló contra el suelo y volcó. Clive y Gloria fueron los primeros en salir tambaleándose, con sus rostros cubiertos de tierra por el accidente. Dirk se levantó del umbral y se unió a ellos mientras corrían hacia la seguridad. Con los caníbales en persecución, era una carrera por sus vidas. El trío corrió lejos, sus zapatos golpeando fuertemente contra la tierra dura. Al doblar la esquina de la montaña, Dirk echó una mirada hacia atrás a los restos del avión. Las llamas se abrían camino alrededor de la carcasa, consumiendo los restos y todo lo que había sucedido ese día. Sabía que ningún hombre occidental había estado allí y había vivido para contarlo. Sin embargo, de alguna manera, contra todo pronóstico, allí estaban, aún con vida. Jarret había logrado llevarlos a través del valle y los peligros que acechaban dentro de él. Todos habían visto peligro, tragedia y algo que nadie más había visto antes. Ahora, mientras corrían por la naturaleza, compartían un vínculo que nadie podía arrebatarles. Habían estado en un lugar donde ningún hombre occidental había estado antes, y vivieron para contar la historia.

ALIEN 8

El equipo de la nave espacial se preparó mientras entraban en el oscuro espacio desconocido. En la oscuridad, parecía haber una infinidad de tomas y válvulas, todas ellas brillando y chisporroteando con un extraño e inquietante poder. Sin dudarlo, los miembros de la tripulación comenzaron a explorar cuidadosamente el espacio. Vieron objetos dispersos por el suelo y las paredes, aparentemente dejados atrás por un habitante anterior. Inmediatamente, comenzaron a recoger los objetos y tratar de colocarlos en las tomas correctas. Por lo que parecía, las tomas estaban diseñadas para válvulas termoléctricas. Cada una de las tomas brillaba con diferentes colores, y pronto la tripulación fue capaz de adivinar qué color significaba qué tipo de válvula. Colocaron hábilmente los objetos correspondientes en sus ranuras asignadas, las chispas de electricidad volando de sus dedos al hacer contacto. Sin embargo, la tripulación se dio cuenta rápidamente de que, cualquiera que fuera su misión, el tiempo para completarla se estaba acabando rápidamente. A pesar de sus mejores esfuerzos, aún faltaban algunas válvulas que no habían podido localizar o identificar. Al darse cuenta de esto, la tripulación trabajó más rápido, buscando en todos los rincones de la nave espacial las válvulas restantes. Finalmente, después de largos minutos de búsqueda, las encontraron. Tan rápido como pudieron, colocaron las últimas válvulas en sus tomas, y un fuerte grito de alegría llenó la habitación cuando las luces en las tomas finalmente se encendieron y el verdadero propósito de la nave fue revelado. La tripulación se felicitó mutuamente por su trabajo, sabiendo que su misión había sido exitosa. Al salir de la nave espacial, se dieron cuenta de la importancia de su misión y de las cosas increíbles que habían logrado.

AUFWIEDERSEHEN MONTY

El pobre Topo Monty estaba huyendo, y los bastiones de la ley estaban pisándole los talones. Había sido encarcelado por tomar prestado carbón para mantenerse caliente, y con su fuga, su vida había cambiado para siempre. Monty había huido del Reino Unido por temor a ser capturado, y se había escondido en Gibraltar, frente a la costa de España. Pero su paradero había sido filtrado a Intermole, una pandilla internacional de topos en una misión para capturarlo. Sabía que tenía que escapar una vez más o enfrentar la prisión segura. Y así, con el corazón pesado y determinación en sus ojos, Monty partió a través de Europa, en busca de suficiente dinero para comprar la isla griega de Montos, un lugar donde podría vivir en paz, libre de peligro y extradición. Corrió a través de los Alpes y llegó a los viñedos de Italia, donde tocaba música para conseguir dinero y recogía aceitunas para ganar dinero. Día y noche, vendía sus productos y cantaba sus canciones, acercándose cada vez más a su objetivo. Pero no podía descansar mucho tiempo. Intermole todavía estaba tras él, y tenía que seguir moviéndose para mantenerse un paso adelante. Se subió a vehículos con desconocidos para viajar a través de Alemania y llegar a los fríos climas de Polonia y la República Checa, vendiendo sus productos donde pudiera. Finalmente, después de meses de huir, Monty había llegado a Grecia, la tierra de sus sueños. Armado con el dinero que había ahorrado, se apresuró a la isla de Montos y estableció su nueva vida. Aquí, estaba a salvo por fin, libre de extradición y de cualquier peligro que pudiera presentar Intermole. ¡Monty Mole lo había logrado! El fugitivo había escapado de la ley y había llegado a un lugar propio.

Había trabajado duro y mantenido su ingenio para hacer realidad su sueño. Y desde entonces, Montos ha sido conocido en todo el mundo como el hogar del valiente pequeño topo.

KNIGHT TYME

Subí al pod de transporte y de repente me rodearon paredes metálicas que se curvaban y brillaban a la luz. Mientras miraba a mi alrededor, el USS Pisces se erguía sobre mí y me di cuenta del zumbido tenue de maquinaria avanzada en todas las direcciones. Pude ver a una extraña criatura metálica, Klink, mirándome desde la esquina de la habitación. Sentí una extraña sensación, como si una fuerza interna me empujara hacia Klink. Klink comenzó a hablar, su voz mecánica y monótona pero transmitiendo una sensación de poder, "Mi nombre es Klink y estoy aquí para darte un Datacube. Te dará acceso a toda la información que necesitas para comprender la cultura del siglo XXV y enfrentarte al mundo en constante cambio". Me entregó el pequeño cubo de metal y sentí el extraño poder que emanaba de él. Podía sentirlo penetrando en mi ser y mi choque cultural desapareció instantáneamente. Sabía que había tomado la decisión correcta al venir al USS Pisces. Klink explicó que el Datacube desaparecería de mi posesión tan pronto como hubiera absorbido todo el conocimiento y aprendido a entender la cultura del siglo XXV. Sentí un gran alivio al tomar el Datacube de Klink y pisar la plataforma del transportador para volver a la vida ajetreada que era mi nuevo hogar. En todas partes veía gente hablando, riendo y viviendo la vida con una intensidad que nunca antes había visto. Lo ignoré y me centré en el Datacube. El conocimiento que contenía llenó mi mente y me permitió entender el idioma extranjero, las costumbres, la cultura y la tecnología del siglo XXV y comprender plenamente el extraño mundo nuevo del que ahora formaba parte.

Cada día exploré el nuevo entorno y abracé la cultura y tecnología del siglo XXV. Sentí un nuevo poder dentro de mí, el conocimiento que había obtenido del Datacube me permitió entender y apreciar la diversidad del siglo XXV y el increíble mundo que ahora llamaría hogar. Gracias al poder del Datacube, mi choque cultural se había reducido a nada.

HALLS OF THE THINGS

Se encontró en el primer piso, en la entrada de la Torre. Las paredes estaban hechas de piedra con extraños símbolos que eran ilegibles. Se movió por el pasillo, sus pasos resonando en las paredes a medida que avanzaba. Pasó por pequeñas alcobas llenas de pociones y tesoros de todo tipo, algunos de los cuales agarró y guardó en su bolsa. Se abrió paso cuidadosamente por los pasillos serpentinos, deteniéndose para explorar cualquier cámara lateral que pudiera encontrar. Se encontró con varios monstruos, pero ninguno pudo resistir su magia y espada. Finalmente, llegó al final del pasillo y llegó a una gran cámara circular. En el centro de la cámara había un pedestal, y sobre él una gran gema verde esmeralda. Recogió la gema y, con un brillante destello de luz, la gema se transformó en una llave dorada. Examinó la llave; tenía símbolos a lo largo de toda su longitud que eran inquietantemente familiares. La guardó en su bolsillo y se dirigió de regreso a la entrada de la torre. Al entrar por las puertas de entrada, sintió que el suelo temblaba debajo de sus pies. Mirando hacia arriba, se asombró al ver que la primera torre había crecido hasta el doble de su tamaño anterior. Siete niveles en total, cada uno más complejo y peligroso que el anterior. Retrocedió asombrado, dándose cuenta de que su viaje apenas había comenzado. Comenzó a subir la torre, con su llave dorada en la mano, cortando a través del laberinto de paredes y túneles que protegían cada nivel. Luchó contra monstruos, sobrevivió a trampas y encontró muchas cosas extrañas en el camino. Finalmente, llegó a la cima de la torre y con un fuerte gemido, las puertas doradas se abrieron ante él. Entró en la cámara y se encontró en una habitación llena de poder mágico puro.

A su alrededor había formas brillantes y giratorias de magia viva y artefactos poderosos. En el centro de la habitación había un enorme pedestal de piedra. Sobre él había un gran libro encuadernado en cuero dorado y goteando con joyas. Se acercó lentamente al pedestal y, con una mano, alcanzó el libro. Cuando sus dedos rozaron el cuero, una voz profunda resonó por la cámara diciendo: "Bienvenido, valiente. Has encontrado el Libro de los Antiguos, la fuente de todo poder mágico. Tómalo y sé sabio". Abrió el libro y encontró dentro de él innumerables hechizos e invocaciones, junto con una magia antigua y poderosa que podía usar para protegerse a sí mismo y a aquellos que le importaban. Tomó el libro y, con un corazón agradecido, descendió la torre por última vez y se dirigió a casa.

REX

Rex avanza a través de la torre, cada nivel más desafiante que el anterior. Está equipado con una amplia variedad de armas, cada una diseñada para eliminar objetivos con una precisión y velocidad mortales. Finalmente, después de un largo y arduo viaje, llega a la cima de la torre, donde lo espera un poderoso dragón. Con un rugido, el dragón se sumerge y se abalanza hacia Rex, lanzando fuego desde su boca. Sin embargo, Rex está listo para el desafío y sus armas repelen rápidamente al dragón. Después de una feroz batalla, el dragón cae de la torre, derrotado. Sin embargo, la batalla no ha terminado. La torre ahora está llena de poderosos mercenarios humanos determinados a impedir que Rex reclame la victoria. Él corre de habitación en habitación, disparando a sus enemigos con una combinación de velocidad, precisión y determinación. ¿Sus armas de elección? Un gran arsenal de garras y pistolas que envían a los enemigos volando a través de paredes y techos. Finalmente, después de una larga y agotadora batalla, Rex está victorioso en la cima de la Gran Torre. Él contempla la destrucción que ha causado y se toma un momento para reflexionar sobre la batalla que acaba de librar. Había superado las probabilidades y los humanos habían sido derrotados. La Gran Torre ahora estaba en ruinas, pero la victoria era suya. Mientras se alejaba de la torre, mantuvo su mirada en el horizonte. Sabía que algún día volvería y continuaría su lucha contra el mal. Por ahora, sin embargo, podía descansar tranquilo sabiendo que se había hecho justicia. Había luchado, había ganado y había obtenido su victoria. Con un rugido de triunfo, Rex el mercenario Rinoceronte se aleja hacia el atardecer.

RICK DANGEROUS

¿Logrará Rick Dangerous completar su primera misión en el templo azteca de la tribu? El desafío es grande, y las apuestas son altas. Rick es un intrépido superhéroe y coleccionista de sellos a tiempo parcial con un arsenal de dinamita, pistolas, un palo y algunas trampas. Pero incluso con sus armas y coraje, Rick debe enfrentarse a los peligros y terrores desconocidos del antiguo templo. Rick comienza su búsqueda, aventurándose profundamente en el templo. Mientras desciende, ve que las paredes están inscritas con misteriosos jeroglíficos y esculturas de criaturas misteriosas. Pasa por numerosas cámaras, cada una con sus propias trampas mortales y acertijos. Para su sorpresa, descubre que el templo guarda muchos secretos. Descubre artefactos poderosos y antiguos pergaminos con conocimientos de magia oscura. Rick también tiene que evadir a los guardias del templo, así como a criaturas feroces y peligrosas. Se abre paso a través de pasadizos estrechos y corredores profundos, y finalmente llega al santuario interno del templo. Allí se enfrenta a un inmenso desafío: un campo de fuerza mágico. Con un gran esfuerzo, Rick lo rompe y encuentra una joya misteriosa. Rick ha tenido éxito en su misión y regresa victorioso. Tiene un nuevo respeto por los antiguos aztecas y sabe que apenas ha rascado la superficie de su civilización. Pero el viaje aún no ha terminado. Rick todavía debe viajar a la mortal tumba egipcia y la fortaleza enemiga. Debe prepararse para una nueva embestida de peligro y peligro. Pero Rick está decidido y confía en que con sus armas y coraje, podrá sobrevivir y superar cualquier peligro que se presente.

Con un nuevo coraje, se dirige hacia lo desconocido, listo para enfrentar su próximo desafío. ¿Logrará Rick Dangerous tener éxito en su misión? Solo el tiempo lo dirá.

ROBN OF THE WOOD

Fue un día frío y oscuro en el Bosque de Sherwood mientras Robin Hood tomaba una profunda bocanada del aire inglés fresco. Había sido convocado a un torneo por el Sheriff de Nottingham y estaba decidido a enfrentar el desafío. Después de todo, había sido agraviado por el tirano y era hora de defender lo que era correcto. Robin partió por su cuenta, su fiel arco y flechas a cuestas. Estaba decidido a mantener su identidad en secreto, confiando en las tres flechas encantadas que le había dado el Ent del Bosque para asegurarse de que permaneciera en el anonimato. Little John y Scarlett habían dispersado flechas por todo el bosque, escondidas en lugares secretos, para que Robin pudiera usarlas si las necesitaba. Estaba alerta mientras viajaba, porque había oído hablar de brujas en el bosque que podían causar un gran daño. No quería arriesgar ninguna de sus flechas a menos que fuera absolutamente necesario. Aun así, no era un cobarde y pronto llegó a los terrenos del torneo. El Sheriff era un oponente formidable, enorme y fuerte. Pero Robin estaba seguro, porque tenía la fuerza del pueblo de Nottinghamshire detrás de él. Con la ayuda de las flechas encantadas y su confiable arco y espada, logró prevalecer, venciendo al Sheriff y recuperando la libertad de Inglaterra. Un grito de alegría resonó cuando la gente de Nottinghamshire celebró su recién descubierta libertad. El Sheriff había sido derrotado y Robin fue aclamado como un héroe. La gente del Bosque de Sherwood había sido liberada y Robin sería para siempre un símbolo de coraje y justicia.

SIR FRED

Sir Fred, maestro de la espada, cabalgaba a través de la noche ansioso por rescatar a la princesa de sus captores. Había escuchado historias sobre el castillo en el que estaba siendo retenida, lleno de rompecabezas y trampas que tendría que sortear para llegar hasta ella. Tenía que ser valiente y rápido si quería llegar a tiempo. En el castillo, Sir Fred se enfrentó a una tarea desalentadora. Tenía que atravesar siete cámaras diferentes, cada una con sus propios rompecabezas y desafíos. Al entrar en la primera cámara, se encontró con un grupo de feroces guerreros, todos armados con armas mortales. Imperturbable, Sir Fred sacó su espada y los combatió a todos con golpes rápidos y precisos. Al entrar en la segunda cámara, se encontró con un acertijo que solo podía ser resuelto adivinando la combinación correcta de palabras. Usando su inteligencia y agilidad mental, respondió correctamente al acertijo y continuó su camino. La tercera cámara contenía trampas mortales, cada una lista para atrapar a Sir Fred si daba un paso en falso. Él pudo evitarlas todas y continuar su búsqueda. La cuarta cámara albergaba a una gigantesca criatura parecida a un dragón de diez pies de altura. Sir Fred tuvo que luchar valientemente y con habilidad contra esta criatura, ya que la vida de la princesa estaba en juego. Con un poderoso golpe de su espada, eliminó a la criatura de un solo golpe y continuó su búsqueda. La quinta cámara presentó más rompecabezas que requerían una combinación de fuerza e inteligencia para resolver. Sir Fred pudo superar esta cámara indemne y continuó hacia la sexta. La sexta cámara presentó lo que podría ser el mayor desafío de Sir Fred hasta el momento: un gigantesco cíclope que debía ser eliminado para que Sir Fred pudiera continuar su búsqueda.

Con la vida de la princesa en juego, Sir Fred valientemente tomó su espada y derrotó al cíclope de un solo golpe maestro. La séptima cámara albergaba a la princesa, ahora liberada de su cautiverio. Sir Fred había cumplido su misión, arriesgando su propia vida para salvar la vida de la princesa. Ella le agradeció su valentía, y los dos cabalgaron hacia el atardecer, héroes del día.

THANATOS

Thanatos, el dragón, surcó el cielo llevando en su lomo a una joven durante lo que pareció una eternidad. Cuando los dos comenzaron a descender, el dragón se dio cuenta de que finalmente habían llegado a la puerta del castillo. El dragón sacó su llama de cerca, una tarea que disfrutaba, ya que era parte de su ser. Utilizó la llama para quemar la puerta y permitir que la chica y Thanatos entraran en el castillo sin problemas. Dentro del castillo residían las brujas, seres mágicos de los que Thanatos había escuchado muchas historias. Pero el dragón prefería mantenerse alejado de ellas, solo acercándose cuando estaba desesperado. Después de meses de búsqueda, el dragón finalmente encontró a la única bruja con el poder de concederle el fuego que necesitaba para completar su misión de escoltar a la chica. Así que, con el permiso de la bruja, Thanatos drenó la llama directamente de ella. Con la fuerza del fuego dentro de él, voló rápidamente con la chica al siguiente castillo en busca del libro de hechizos. El dragón no pudo evitar admirar el valor de la chica y, sintió que ella entendía la importancia de las llamas, incluso si la bruja se negaba a ayudarla. Thanatos y la chica pasaron la noche en el siguiente castillo, el dragón haciendo guardia frente a la puerta, por si la bruja intentaba detenerlos. Finalmente, el dúo partió hacia el último castillo, y cuando llegaron, el sol comenzaba a ponerse. El dragón encontró rápidamente el caldero y le dijo a la chica que pronunciara su hechizo. Ella lo hizo, y mientras una encantadora luz azul llenaba el aire, Thanatos sintió un tipo especial de paz y alegría que nunca había sentido antes.

Thanatos había cumplido la misión de la chica y, a cambio, la chica le dio al dragón una sincera sonrisa de gratitud. En ese momento, el dragón se sintió humilde y se dio cuenta de que no solo había podido ayudar a la chica, sino que el fuego que había adquirido de la bruja también era una señal de amistad. El dragón sabía que su viaje apenas había comenzado, y con un aleteo de sus alas y un destello de fuego, despegó hacia la noche, con la chica aún montando segura en su lomo, su risa resonando en el cielo.

AGENT X

Las noticias se propagaron como un reguero de pólvora, dejando a los ciudadanos del país sorprendidos y aterrorizados. ¡El presidente había sido secuestrado por un profesor loco en plena noche! Pronto llegó una nota de rescate, revelando un malvado plan para "lavado de cerebro del líder convirtiéndolo en un maníaco belicista". El agente X era la última esperanza de la humanidad. A la mañana siguiente, la prensa acudió en masa a la sede del servicio secreto. Los mejores agentes se apresuraron a encontrar el laboratorio del profesor loco y rescatar al presidente. El paradero del laboratorio del profesor era la única pista que tenían. Sin desanimarse, el agente X rápidamente rastreó el escondite del profesor y encontró al presidente, drogado y fuertemente protegido por matones. Sin vacilar, el agente X junto con su equipo irrumpieron en el recinto y se abrieron camino hacia el presidente. Liberaron al presidente y lo llevaron a un lugar seguro, dejando la bomba para que el agente X la detonara. La bomba explotó y todo el laboratorio fue destruido. El profesor loco no tuvo más opción que rendirse y someterse a la justicia. El presidente estaba a salvo y el país se había salvado de caer en el caos. El agente X había salvado el día y fue nombrado miembro honorario del servicio secreto por su valentía y lealtad. Las noticias se propagaron como un reguero de pólvora y, aunque fue un titular de horror y sorpresa, tuvo un final feliz. El agente X, la "única esperanza de la humanidad", había salido triunfante al final. Había arriesgado su propia vida para salvar al presidente y evitar el desastre. El presidente le entregó una medalla de honor en su reconocimiento y el agente X se convirtió en un héroe nacional.

CAULDRON

La bruja partió en su viaje, volando lo más alto posible para evitar a las criaturas malvadas que merodeaban por las tierras de abajo. Había oído hablar de las calabazas saltarinas malignas, las plantas carnívoras y las criaturas desagradables que podrían estar esperándola, y no quería correr ningún riesgo. La bruja voló durante días, buscando señales de las llaves del inframundo. Buscaba cualquier parche de pasto claro donde aterrizar, ya que las ramas y hojas de los árboles eran demasiado gruesas y el riesgo de caer era muy alto. Finalmente, después de días de búsqueda, la bruja vio un destello de metal en la distancia. Voló más cerca y se dio cuenta de que eran las llaves, justo donde le habían dicho que estarían. Pero cuando intentó recogerlas, una bandada de murciélagos se levantó, chillando en su cara. Tuvo que volar rápidamente para alejarse, y las llaves se le escaparon de los dedos. La bruja pasó la siguiente semana buscando las llaves, pero los murciélagos parecían estar siempre un paso por delante de ella. Finalmente, las encontró en un rincón de un valle, escondidas sobre una roca. Las agarró rápidamente y voló lejos tan rápido como pudo. Ahora que tenía las llaves, tenía que descender al reino oscuro debajo. Tenía miedo de lo que pudiera encontrar allí, pero sabía que si quería completar su misión, esto era lo que tenía que hacer. Con una respiración profunda y una oración, la bruja voló hacia el abismo oscuro. Cuando llegó, la bruja se sintió abrumada por el olor a podredumbre y maldad. Sin embargo, se sintió aliviada al ver que no estaba sola, ya que las criaturas del inframundo se agitaban a su alrededor. Estaba buscando el ingrediente que necesitaba, y después de buscar un poco, lo encontró escondido en una esquina.

La bruja agarró rápidamente el ingrediente y voló de vuelta a la luz con un sentido de alivio. ¡Lo había logrado! Había obtenido las llaves y el ingrediente, y ahora era el momento de volver a casa para completar su misión. La bruja voló lejos, con las llaves y el ingrediente en la mano, sintiendo un peso levantado de sus hombros. Lo había logrado, y se sentía orgullosa del coraje que había mostrado en su viaje. Ahora, todo lo que tenía que hacer era volver a casa y completar su misión.

MAZIACS

El prisionero me condujo a través de una pequeña puerta y dentro de una gran cámara oscura. Pude sentir el frío del aire cuando la puerta se cerró detrás de mí. "Aquí es donde encontrarás el maziac", dijo, señalando una gran estatua de piedra al final de la habitación. "Pero necesitarás una espada para matarlo". Miré a mi alrededor, tratando de encontrar algo que pudiera usar como arma. Luego noté un mapa en la pared, con un extraño símbolo en él. Me acerqué y examiné el mapa. Era un dibujo detallado de un camino serpenteante, con una gran 'X' marcando el destino. "Si sigues este mapa", dijo el prisionero, "llegarás a una cámara donde puedes encontrar el arma que necesitas para matar al guardián. Pero ten cuidado: el maziac puede olerte y si te alejas del camino te reclamará como propio". Con eso, me entregó un gran libro encuadernado en cuero. "Este libro te ayudará a encontrar la ruta y a derrotar a la criatura. Con él, puedes navegar por el laberinto y encontrar la espada". Agradecí al prisionero y me puse en marcha. Después de un largo viaje, finalmente llegué a la cámara. Estaba exhausto, pero decidido a tener éxito. Abrí el libro y estudié el diagrama de la cámara y las áreas circundantes, buscando el arma. Finalmente, la encontré. Agarré la espada y me lancé hacia el maziac, listo para luchar. La criatura era feroz, pero yo estaba decidido. Con un último golpe de la espada, la derroté. Cuando miré alrededor de la habitación, noté un gran cofre del tesoro. Dentro había todo tipo de objetos valiosos: monedas de oro, joyas y otras cosas valiosas. Me tentó llevarme el tesoro, pero luego recordé las palabras del prisionero: "No puedes llevar el Tesoro y una Espada".

Pensé por un momento y decidí llevar la espada y dejar el cofre. Después de todo, tenía lo que había venido a buscar.

Cambié la espada por el tesoro y salí de la cámara, más rico por la experiencia. Mientras volvía a casa, me sentí agradecido por el misterioso prisionero que me había dado el mapa, el libro y el conocimiento de dónde encontrar la espada. Sin ellos, nunca habría sido capaz de derrotar al maziac y reclamar el tesoro.

MOVIE

Era el invierno de 1937 en Nueva York. El detective privado Jack Marlow estaba en el caso. Había recibido una pista que lo había llevado a la sede del gánster Bugs Malloy. Jack había recibido un consejo de una fuente confiable de que Bugs estaba escondiendo una valiosa grabación en algún lugar del edificio. Jack sabía que esta era una misión delicada y que debía tener cuidado. También sabía que si lo atrapaban, Bugs no tomaría amablemente a los intrusos. Jack estaba decidido a conseguir la grabación y llevarla de vuelta a su oficina. Había oído rumores de que Bugs había contratado a una mujer llamada Tanya para vigilar el edificio. A Jack le advirtieron que mantuviera un ojo en ella, pero también en su malvada hermana gemela Vanya. Jack entró en el edificio y buscó en cada habitación, pero no pudo encontrar la cinta. Estaba empezando a perder la esperanza cuando escuchó un ruido que venía de una habitación trasera. Abrió la puerta y vio a Tanya parada allí. Jack supo de inmediato que ella era la persona de la que lo habían advertido. Jack le preguntó a Tanya si tenía alguna información sobre la grabación y ella le dijo que sabía dónde estaba. Luego le pidió a Jack que la acompañara. A regañadientes, él aceptó. Viajaron por pasillos sinuosos y sótanos hasta que finalmente llegaron a una puerta cerrada con llave. Tanya le dijo a Jack que la grabación estaba detrás de la puerta. Luego dijo que la única forma de entrar era usando su llave. Jack estaba vacilante. Sabía que si era una trampa, podría estar caminando hacia una situación peligrosa. A regañadientes, siguió a Tanya y ambos entraron en la habitación. Jack encontró la cinta de inmediato.

La agarró rápidamente y se dio la vuelta para salir con Tanya, pero de repente apareció Vanya e intentó bloquearles el camino. Ella dijo que los iba a llevar en círculos hasta que los eliminaran. Jack logró distraer a Vanya el tiempo suficiente para que él y Tanya pudieran escapar. Jack y Tanya corrieron de vuelta a la oficina de Jack y él reprodujo la grabación. Contenía un mensaje muy crucial que era esencial para resolver el caso. Jack agradeció a Tanya por su ayuda y luego fue a enfrentarse a Bugs Malloy. Al final, Jack emergió victorioso y Bugs fue llevado ante la justicia. Todo fue gracias a Tanya y su disposición a ayudar. Sin ella, Jack nunca habría podido localizar la cinta y resolver el caso. La aventura había terminado, pero Jack y Tanya nunca olvidarían los eventos de ese día. Afortunadamente, nadie tuvo que preocuparse nunca más por las amenazas de Vanya.

NODES OF YESOD

El Muy Honorable Charlemagne 'Charlie' Fotheringham Grunes, explorador y aventurero, se encuentra en la superficie de la luna. Se maravilla con la belleza extraterrestre, hipnotizado por su tranquilidad y atractivo. Le lleva unos momentos darse cuenta de que se encuentra en un entorno alienígena, un lugar donde ningún ser humano ha estado antes. Charlie se queda quieto, intenta asimilarlo todo, pero finalmente decide avanzar. Empieza a vagar, explorando y descubriendo nuevos lugares. Pronto se pierde, pero decide seguir adelante de todas formas. La maravilla se convierte en miedo cuando recuerda por qué está allí. Está allí para encontrar las llaves de las cavernas sublunares, que podrían ser la salida de este paisaje alienígena. Se pone en marcha, caminando con determinación. Pronto nota algunas extrañas criaturas que se arrastran en la arena. Al acercarse, se da cuenta de que son criaturas tipo topo, tal como los estudios le habían dicho - una rareza, sin duda, pero su presencia ofrece un rayo de esperanza. "¡Estas deben ser las criaturas que comen las paredes de las cavernas sublunares!" Decide capturar una de las criaturas tipo topo y llevársela con él, creyendo que podría serle útil. Se forma un plan en su mente y se dispone a encontrar las llaves de las cavernas. Se adentra más, explorando lo desconocido, encontrando una variedad de criaturas y descubriendo nuevos lugares. Finalmente, llega a una cueva profunda, protegida por una formación rocosa gigante. Sabe que esta debe ser la entrada a las cavernas sublunares. Libera al topo y lo observa mientras corre hacia adentro, cavando profundamente en la cueva. Charlie lo sigue, creyendo que el topo lo llevará a las llaves.

Efectivamente, encuentra una cámara cálida y acogedora llena de una variedad de objetos y extraños artefactos, incluyendo un gran cofre que cree que son las llaves que está buscando. Agarra el cofre, sintiendo una ola de alivio. Sale rápidamente de la cueva y se dirige de regreso a la superficie. Finalmente, está libre de la misteriosa luna. Ha encontrado las llaves de las cavernas que los estudios habían mencionado, un descubrimiento que podría cambiar el rumbo de la exploración humana durante años. Con una sensación de logro y alegría, continúa su viaje de regreso a casa.

PSSST

Robbie el Robot estaba bastante contento en su jardín, cuidando de su Thyrgodian Megga Chrisanthodil. Sus manos robóticas eran diestras y precisas, y su planta estaba floreciendo al sol. Pero tan pronto como se alejó para traer un poco de compost, su mayor temor se hizo realidad: el jardín fue invadido por una horda enjambre de insectos destructivos. Estos insectos hambrientos comían la exuberante vegetación y amenazaban silenciosamente la supervivencia misma de la amada planta de Robbie. Afortunadamente, Robbie estaba preparado. Equipado con tres latas de repelente de insectos y una determinación para proteger su planta, se dispuso a combatir los insectos y reclamar su jardín. Usando sus latas con precisión y exactitud, Robbie lentamente pero seguramente comenzó a ganar la batalla contra los insectos implacables. Con cada lata de repelente, el número de insectos disminuyó hasta que el jardín volvió a ser tranquilo y sereno. Robbie estaba aliviado. Había salvado su planta, y el Thyrgodian Megga Chrisanthodil volvía a florecer al sol. Pero Robbie sabía que no podía descansar. Tendría que permanecer vigilante y mantener las latas a mano, listo para atacar cualquier insecto invasor si alguna vez regresaban. Robbie estaba orgulloso de su jardín, pero también sabía que tenía que permanecer alerta. El jardín siempre sería susceptible a los caprichos de los insectos, y con tan poca defensa en forma de repelente de insectos, su planta podría sucumbir fácilmente a su hambre. Robbie estaba decidido a seguir luchando por su amado Thyrgodian Megga Chrisanthodil y mantenerlo saludable y seguro durante el mayor tiempo posible. Armado con sus tres latas de repelente de insectos, estaba listo para la batalla.

THE WILD BUNCH

El sol se estaba poniendo sobre el pequeño pueblo de Gold Creek cuando el disparo resonó por las calles. La gente se dispersó, gritando y corriendo para cubrirse, sus caras una mezcla de terror y confusión. Yo observaba desde las sombras, esperando a ver qué sucedería a continuación. De repente, una figura emergió de la oscuridad. Solo pude distinguir su silueta en la luz que desvanecía, pero estaba claro que sostenía un arma. Tropezó hacia adelante, su rostro lleno de miedo, y se detuvo justo frente a mí. Antes de que pudiera reaccionar, disparó su arma y cayó al suelo. Miré alrededor y noté que todos ya habían huido, así que fui el único que había visto lo que había sucedido. Miré al hombre, con el corazón latiendo con fuerza. Noté algo en su bolsillo, una nota escrita a toda prisa. La agarré y la leí rápidamente. Era una descripción del tirador, tenía una cicatriz en la mejilla izquierda, llevaba un sombrero rojo y medía alrededor de seis pies de altura. Ahora sabía a quién buscar. Antes de poder avanzar, sin embargo, escuché el sonido de cascos resonando por la calle. Me escondí entre las sombras, evitando la vista del sheriff y sus ayudantes. A medida que pasaban, podía escuchar al sheriff dando órdenes de arrestar a cualquiera que pudieran encontrar en las cercanías. Sabía que tenía que moverme rápido, antes de que llegaran a mí. Asegurándome de que la costa estaba despejada, corrí hacia la taberna cercana. Podía sentir los ojos del sheriff clavándose en mi espalda, pero mientras siguiera corriendo, sabía que podría escapar con vida. Una vez dentro, compré algunos suministros y comida. Tenía que mantenerme alerta; estaba huyendo y tenía que encontrar al verdadero tirador antes de que el agente Pinkerton que el sheriff había enviado tras de mí me atrapara.

Me quedé en la taberna durante algunas horas, recuperando mis fuerzas y haciendo un plan para atrapar al tirador antes de que el agente me encontrara. Sabía que tenía que utilizar todos mis recursos, así que contacté a algunos de mis viejos contactos que podrían ayudarme en mi búsqueda. Finalmente, después de días de arduo trabajo y de seguir pistas, logré localizar al tirador, un criminal notorio con una recompensa por su cabeza. Lo acorralé en la parte trasera de una casa abandonada, con el arma en mano y listo para arrestarlo. Estaba a punto de esposarlo cuando, para mi sorpresa, el agente Pinkerton apareció de la nada, justo detrás de mí. El agente y yo nos miramos, ambos nos dimos cuenta de quién era el otro. Había estado persiguiéndome, pero logré mantenerme un paso adelante de él y capturar al tirador. Le entregué al criminal al agente con una sonrisa triunfante y un asentimiento, luego me alejé.

Finalmente, estaba libre. Había logrado mantener mi fuerza, evitar al sheriff y al agente, y capturar al verdadero asesino. Esa noche dormí mejor de lo que había hecho en semanas, finalmente sabiendo que el peligroso criminal había sido atrapado y que el pueblo estaba seguro una vez más.

ALL OR NOTHING

El sol comienza a ponerse en el horizonte cuando mis pies tocan la arena. He saltado en paracaídas dentro del campamento enemigo en un intento de rescatar los archivos secretos. Mi misión es entrar y salir antes de que la fuerza enemiga pueda detenerme. Lo primero que hago es observar el campamento. Cuento el número de guardias, sus posiciones y las ubicaciones de los archivos secretos. Respiro profundamente y comienzo mi misión, esperando que mis habilidades sean suficientes para engañar al enemigo. Usando la oscuridad como ventaja, me muevo sigilosamente por el campamento tratando de mantenerme indetectable. A medida que me acerco a los archivos, me doy cuenta de que están bien asegurados. Evalúo mis opciones y decido usar cualquier objeto que pueda encontrar o incluso robar para abrir las cerraduras. Encuentro una botella rota y la rompo en pedazos con una roca. Con cuidado, uso los fragmentos para abrir las cerraduras del primer archivo, logrando mi misión y obteniendo acceso al primer archivo. Guardo los pedazos de botella rota en mi bolsillo, sabiendo que podrían ser útiles nuevamente en el futuro. Recorro el campamento, abriendo cerraduras, sobornando y engañando a los guardias, y buscando los archivos restantes. Después de algunos sustos, finalmente logro encontrar todos los archivos. Ahora que tengo los archivos, necesito escapar. Los guardias están alerta y sé que una pelea es inevitable. Encuentro explosivos en un cobertizo cercano y los uso para crear una distracción. Mientras los guardias están ocupados con la explosión, corro hacia la seguridad. Una vez fuera del campamento, tomo un minuto para recuperar el aliento.

Guardo los archivos secretos en mi bolsillo y uso mis habilidades para evadir a los guardias restantes. Después de unos minutos, puedo ver la zona segura en la distancia. Las últimas horas han sido una borrosidad y lo único en lo que puedo concentrarme es en la zona segura. Hago un último esfuerzo y llego a la zona segura, con los archivos secretos en la mano. Justo cuando llego a la seguridad, miro hacia atrás y veo a las tropas enemigas persiguiéndome. Con todos los recursos que tengo, puedo escapar antes de que puedan recapturar los archivos secretos. Había escapado por poco del peligro y finalmente puedo suspirar de alivio. Mi peligrosa misión está completa y puedo regresar a casa con un sentido de orgullo y logro. Los archivos secretos están de nuevo en nuestras manos y no puedo evitar admirar la habilidad y valentía que he demostrado aquí. No tengo dudas de que seré recordado por esta misión durante años.

GUNFRIGHT

El Sheriff Quickdraw era conocido en la ciudad por ser el más rápido y malo pistolero de la salvaje e indómita región del oeste. Llevaba un sombrero negro, chaparreras gastadas y un cinturón con el revólver más rápido del oeste. Cuando la gente supo que un nuevo sheriff había llegado a la ciudad, estaban un poco asustados pero llenos de esperanza. El Sheriff Quickdraw era un hombre de su palabra y prometió hacer de la ciudad un lugar más seguro. Recorrió la ciudad hablando con todos, contándoles sus intenciones de librarse de la más malvada y rápida banda de pistoleros jamás vista en el salvaje oeste. La gente estaba emocionada, nunca habían visto a un sheriff así, rápido, valiente y decidido a limpiar la ciudad. El Sheriff Quickdraw tenía un plan y estaba dispuesto a hacer lo que fuera necesario para que se cumpliera. Reunió a todos los infractores armados y les dijo su plan, que iba a recuperar la ciudad y que solo había una salida. También dijo que no dudaría en disparar a cualquiera que se interpusiera en su camino. Los infractores sabían que el Sheriff Quickdraw era serio y rápidamente se fueron, dejando la ciudad al sheriff y a aquellos que querían vivir en paz. El Sheriff Quickdraw y sus hombres patrullaron la ciudad día y noche, buscando problemas y asegurándose de que todos estuvieran en línea. La gente se sentía más segura sabiendo que su nuevo sheriff estaba en el trabajo y los protegía. Pronto, las noticias de los actos heroicos del Sheriff Quickdraw se extendieron por todo el salvaje oeste, y se convirtió en una leyenda. El Sheriff Quickdraw también se aseguró de que se hiciera justicia con aquellos que habían hecho mal introduciendo un sistema de justicia donde los criminales eran responsables.

También ayudó a crear un sistema escolar para educar a los jóvenes de la ciudad sobre la ley. El Sheriff Quickdraw era un héroe y un modelo a seguir para la gente de la ciudad, y su legado aún perdura hoy en día. Era un hombre que defendía la justicia y hacía lo que fuera necesario para limpiar la ciudad y hacerla segura para todos. Siempre se lo recordará como el hombre que libró a la ciudad de la más malvada y rápida banda de pistoleros jamás vista en el salvaje oeste.

HEARTLAND

Había estado lloviendo durante días sin cesar y no tenía nada mejor que hacer, así que me aventuré al ático de mi abuela. Estaba revolviendo entre las cajas y reliquias, buscando algo que pudiera ser interesante o valioso. Entre los libros, encontré uno que llamó mi atención. La portada era vieja y desgastada, con un extraño diseño impreso en ella. Lo abrí con precaución, sin saber realmente qué esperar encontrar, y empecé a leer. Era la Historia del Corazón de la Tierra, una historia de magos y magia. Mientras leía, sentía un extraño poder emanando del libro y de repente me encontré en una búsqueda. Me sentí obligado a viajar por las tierras, siguiendo las hazañas del héroe mago Eldritch. Sin darme cuenta, estaba buscando objetos extraños, artefactos mágicos y criaturas extrañas. Me encontré en un reino desconocido, la mágica tierra del Corazón de la Tierra. Pronto encontré a un misterioso anciano que me contó la historia de Eldritch y su viaje por las tierras. Dijo que se me había concedido la oportunidad de continuar su viaje y llevar a cabo sus tareas inconclusas. A medida que viajaba, las cosas comenzaron a tener un aspecto y una sensación de leyenda. Encontré dragones, criaturas mágicas y magos poderosos. Me vi tratando de realizar hazañas increíbles de magia, luchando contra criaturas extrañas y ayudando a quien pudiera. Me estaba convirtiendo en parte de la historia. Los días y meses pasaron en un abrir y cerrar de ojos mientras viajaba por las tierras. Finalmente, después de muchas aventuras, descubrí la respuesta que había estado buscando. Encontré la fuente del misterioso poder que me había llevado al Corazón de la Tierra y el secreto del héroe mago Eldritch.

Mientras sostenía el poderoso artefacto en mis manos, me di cuenta de que me había convertido en parte de las leyendas antiguas. Con una sonrisa, regresé al ático de mi abuela, con los ojos brillando por el conocimiento que había adquirido. Mientras guardaba el libro entre las otras reliquias, sentí que no había terminado con mis aventuras en el Corazón de la Tierra.

MINED OUT

No hay vuelta atrás, debo enfrentar estos peligros por Bill, la Estrella del Escenario y la Gran Pantalla. Mi viaje comienza mientras avanzo con cautela a través de las minas. Soy cuidadoso para no tropezar, ya que sé que cualquier movimiento equivocado podría poner en peligro a Bill y las damiselas. Las minas se vuelven más traicioneras a medida que continúo mi descenso, cuanto más avanzo, más sudo, pero no vacilo. Mi progreso se detiene cuando un fuerte estruendo me sobresalta. Miro hacia el cielo vacío y veo una gran máquina metálica con los ojos brillando en rojo. Me paralizo, conozco esa máquina, es la Cosechadora, buscando insectos y gusanos para alimentar la agenda de su amo. Bill, la Estrella del Escenario y la Gran Pantalla debe ser su objetivo. No tengo tiempo para perder, debo seguir adelante y rescatar a mi héroe antes de que sea demasiado tarde. La búsqueda de la Cosechadora es implacable y tengo que esforzarme para mantenerme al día. Corro, esquivo y me sumerjo a través de las traicioneras minas, usando mi experiencia y agilidad para mantenerme adelante y fuera de vista. Finalmente, llego a la entrada de la mina, solo para encontrar a Bill y las damiselas acurrucados juntos, con miedo. Incluso en su estado tembloroso, puedo ver el poder estelar en las damiselas, todas parecen clones del verdadero amor de Bill, Nora Mudroe. La bestia metálica se cierne sobre ellos, sus ojos escaneando la entrada, buscando a su presa. Con rápida acción, llevo al grupo lejos, adentrándolos en las profundidades de la mina, fuera del alcance de la Cosechadora. El rescate aún no ha terminado, ya que debo guiarlos a todos fuera de las profundidades de la mina y alejarlos del peligro.

Me concentro en la tarea que tengo ante mí, y lentamente pero seguramente, llegamos a un lugar seguro. El sol se está poniendo y miro hacia la entrada de la mina, con Bill y las damiselas a cuestas. La Cosechadora ha desaparecido y mi misión está completa. Observo a los héroes ante mí y veo un momento de alegría y alivio en sus caras, un momento de dulce victoria. Mientras me doy la vuelta para irme, me lleno de un sentido de orgullo y logro, sabiendo que he salvado el día. Esa estrella del escenario y de la gran pantalla Bill el Gusano ahora es libre, y las damiselas están a salvo.

CONQUESTADOR

Redhan había estado viajando durante semanas a través de la tierra de Taleria cuando finalmente llegó a la ciudad de la noche, hogar de los más temidos enemigos. Había sido enviado en una búsqueda para liberar la ciudad de la ira de Glauring el Dragón de Fuego, Kulwoor el Señor del mago y Zwolhan el Señor del Círculo de las Esferas Ardientes. Después de mucha deliberación, Redhan aceptó su tarea y sabía que tenía solo una oportunidad de éxito. Así que, con la esperanza de salvar a Taleria de sus enemigos, Redhan abandonó la seguridad de la ciudad y se adentró en lo desconocido. Durante días trazó su camino a través de caminos estrechos y tierras peligrosas, evitando monstruos y trampas en el camino. Entonces, un día, Redhan encontró una entrada a una cueva oculta. Cuando se aventuró dentro, encontró tres extraños cofres. Nadie los había abierto durante miles de años: se decía que los tesoros que contenían darían a cualquiera el poder de salvar la ciudad de sus enemigos. Pero la tapa de cada cofre estaba cerrada con llave y solo las tres Piedras Estrella podían abrirlas. Redhan estaba decidido a encontrar estas piedras sin importar lo que sucediera. Buscó alto y bajo, pero parecía imposible hasta que escuchó una voz susurrando en el viento: "Sigue el camino de la estrella antigua". No tenía idea de lo que esto significaba, pero decidió seguir el consejo. Siguió la estrella antigua hasta que llegó a un antiguo templo en lo profundo del bosque. Dentro encontró las tres Piedras Estrella ocultas en la cámara interior. Finalmente había encontrado la clave de su búsqueda. Después de meses de viajar, había llegado al final de su viaje. Redhan rápidamente reunió cada una de las Piedras Estrella y regresó a la ciudad.

Mientras se acercaba a las puertas de la ciudad, no pudo evitar sentir un sentido de temor. Sabía que Glauring el Dragón de Fuego, Kulwoor el Señor del mago y Zwolhan el Señor del Círculo de las Esferas Ardientes lo estaban esperando adentro y el destino de Taleria estaba en sus manos. Redhan valientemente pasó por las puertas y enfrentó a sus enemigos. Usó las tres Piedras Estrella para abrir los cofres y liberó el poder dentro. Derrotó a sus enemigos y liberó la ciudad de Taleria, asegurando un futuro brillante para todos sus habitantes. Redhan había defendido con éxito a Taleria de sus enemigos más temidos. Después de meses de viajar y de posibilidades casi imposibles, Redhan el Héroe de Batalla había logrado lo imposible. Había salvado la ciudad y la gente de Taleria siempre recordaría al héroe que sacrificó tanto para protegerlos.

CONTACT SAM CRUISE

Otro día en la Agencia de Detectives Sam Cruise. Sam Cruise, investigador privado y dueño de la agencia, da un sorbo a su café negro caliente y gruñe. Ya ha sido un día largo y no está seguro de qué será el caso, pero sabe que probablemente será algo grande. La máquina de escribir hace clic-clac de fondo mientras Daisy, la secretaria de Sam, trabaja en su propia investigación. Sam se levanta, se estira y mira por la ventana. El viento sopla a través de los árboles y el cielo está nublado, en sintonía con su estado de ánimo. Da otro sorbo a su café antes de volver al escritorio, donde su compañera, Calamity Clark, está ocupada mirando los archivos del caso. "¿Alguna novedad?", pregunta Sam. Calamity levanta la vista con expresión de exasperación. "Recibimos una llamada de un hombre que dijo que sabe algo sobre un 'Hombre Gordo' y algunos acontecimientos extraños en el número 19. No nos dio un nombre ni una dirección, así que he estado tratando de localizarlo. Sin suerte hasta ahora." Calamity se encoge de hombros. "Suena sospechoso", reflexiona Sam. "Sigue en ello." "De acuerdo", responde Calamity. El detective y su compañera vuelven al trabajo hasta que oyen un leve golpe en la puerta. Sam cruza rápidamente la habitación y la abre, revelando una mujer deliciosa con una sonrisa astuta en sus labios rojos como rubíes. Luscious Lana está delante de ellos, con una mirada esperanzada en sus ojos. "¿En qué podemos ayudarle, señorita Lana?", pregunta Sam, con un atisbo de sospecha en su voz. "Creo que podría ayudarles en su investigación", murmura ella. "Quizás incluso podría llevarles al hombre que buscan. Conozco a algunas personas que podrían ayudar".

Sam y Calamity intercambian una mirada antes de que Daisy levante la vista de su máquina de escribir. "Vale la pena intentarlo", dice ella. Calamity asiente y el trío decide aceptar a Lana a bordo.

Después de algunas presentaciones, los detectives empiezan a hacerle preguntas a Lana sobre su implicación en el caso. Les cuenta que un hombre con algunas ideas bastante sórdidas se le acercó y que quiere ayudar a exponerlo. La información que proporciona lleva al trío a un edificio de apartamentos siniestro al otro lado de la ciudad. Sam, Calamity y Daisy se dirigen allí, armas en mano, y logran arrestar al Hombre Gordo. Después de buscar en su apartamento, encuentran documentos que lo vinculan con actividades sospechosas con el misterioso Número 19. Con el caso resuelto, los detectives regresan a la agencia para celebrar. Daisy está entusiasmada de que hayan podido cerrar el caso y el trío es ahora bien conocido dentro de los círculos policiales por su éxito. Sam sirve chupitos de whisky para todos y brindan por un trabajo bien hecho. Otro día en la Agencia de Detectives Sam Cruise.

ARMY MOVES

Derdhal apretó los dientes mientras se preparaba para la misión. Le habían asignado infiltrarse en una base enemiga fuertemente custodiada y robar información valiosa de una caja fuerte. Había estado asumiendo este tipo de misiones toda su carrera, y estaba listo. Derdhal llegó en un jeep y se dirigió al primer nivel de la base. Inmediatamente se encontró con una fuerza de guardias enemigos, pero estaba preparado para ellos. Los eliminó rápidamente con algunos disparos bien colocados de su rifle. Continuó avanzando, abriéndose camino hacia el segundo nivel. A medida que Derdhal avanzaba al segundo nivel, se encontró con aún más fuerzas enemigas. Utilizó su maestría en combate cuerpo a cuerpo para derrotarlos, y luego se escurrió por sus defensas. Ahora estaba en el tercer nivel. En este nivel, Derdhal tuvo que utilizar un helicóptero para llegar al cuarto nivel. Fue atacado por una fuerza de soldados enemigos en el helicóptero, pero pudo luchar contra ellos y llegar al cuarto nivel. Había llegado al cuarto nivel y se encontró inmediatamente con una fuerza mucho mayor de soldados enemigos. Tuvo que usar toda su capacitación y experiencia para luchar contra ellos. Finalmente salió victorioso y se dirigió al quinto nivel. En el quinto nivel, Derdhal tuvo que moverse a pie. Se encontró con más fuerzas enemigas, pero pudo utilizar el entorno a su favor y eliminarlos uno por uno. Finalmente llegó al sexto nivel. El sexto nivel era una zona fuertemente custodiada, pero Derdhal pudo usar su sigilo y agilidad para superar las defensas y llegar al séptimo y último nivel.

En este nivel, se encontró con las fuerzas enemigas más feroces. Tuvo que usar todas sus habilidades y tácticas para derrotarlos y llegar a la caja fuerte.

Finalmente, Derdhal había llegado a la caja fuerte. La abrió rápidamente y recuperó la información que necesitaba. Había completado la misión, su misión de infiltrarse en una base enemiga fuertemente custodiada y robar información guardada en una caja fuerte. Derdhal estaba satisfecho sabiendo que había hecho su trabajo y que no había sido derrotado por el enemigo.

WHO DARES WINS 2

Armado con un rifle automático y cinco granadas, se dirigió hacia las trincheras enemigas. Su misión: poner fin a la tiranía de las fuerzas de ocupación y restaurar la libertad del pueblo oprimido. El joven soldado sentía un peso en su corazón mientras marchaba a través de los campos baldíos hacia las líneas enemigas. Había visto la tristeza, el dolor y el sufrimiento de su pueblo y no quería nada más que derrotar al enemigo y liberarlos. Con una respiración profunda, se preparó para la batalla. Al acercarse a la primera línea enemiga, los sonidos de la ametralladora y las explosiones resonaban en el aire. Tenía que mantenerse concentrado y seguir adelante. Su primer paso hacia adelante fue un riesgo calculado, pero logró llegar indemne y alcanzar la primera guarnición enemiga. La batalla se intensificó y usó sus granadas para abrir camino, eventualmente tomando la guarnición y ganando la victoria. El joven soldado sonrió con orgullo mientras avanzaba hacia la segunda guarnición. Sin embargo, esta vez se enfrentó a una fuerza mucho más grande. Aún así, se mantuvo firme y luchó como un león, logrando finalmente tomar la segunda guarnición también. Con la victoria a la vista, avanzó hacia la tercera guarnición. Desafortunadamente, esta vez se encontró con una sorpresa devastadora: sus fuerzas de apoyo habían perdido el control de la primera guarnición y el enemigo la había retomado. Este cambio de fortuna dejó al joven soldado desanimado e inseguro de qué hacer a continuación. Había llegado tan lejos y aquí estaba, atrapado en territorio enemigo con pocos recursos y sin apoyo. Estaba a punto de rendirse y regresar cuando fue golpeado por una súbita ola de determinación.

Había llegado hasta aquí y no iba a rendirse en el último obstáculo.

Preparó su arma, tomó una respiración profunda y avanzó hacia la guarnición final. La batalla fue intensa, pero el joven soldado persistió. Usó su última granada para eliminar la mayor de las defensas enemigas y pronto la guarnición cayó. Con la última guarnición tomada, la misión del joven soldado estaba completa. El pueblo del octavo territorio era libre una vez más y el joven soldado se erguía victorioso en las paredes de la guarnición final. Había sido una batalla larga y difícil, pero todo valió la pena al final. Había logrado lo que se propuso hacer: había liberado al pueblo y llevado la libertad a quienes la necesitaban.

ZOMBIE ZOMBIE

El hombre había cruzado el umbral de la Tierra Negra y había regresado enfermo, con un mal que parecía aferrarse a su alma como una niebla. Había visto cosas en ese lugar extraño, cosas que estaban más allá de su comprensión. Había atravesado una puerta invisible, una puerta que nadie debería saber que existía. Sabía que se abría a un antiguo reino, un reino de muerte y destrucción que estaba profetizado para resurgir. Nadie creía sus historias sobre lo que había visto y hecho en la Tierra Negra. Los ancianos de su aldea habían intentado protegerlo de la verdad, diciéndole que las historias sobre los muertos que resucitaban eran solo historias, pero él sabía mejor. Lo había visto con sus propios ojos. Había visto a los muertos caminar, sus rostros distorsionados por el odio y el hambre. En sus sueños, escuchaba los gritos de la gente en la Tierra Negra, suplicando misericordia mientras los muertos se acercaban para devorar su carne. Escuchaba los gritos de una madre que trataba de salvar a su hijo, solo para que se lo llevara una horda de cadáveres en descomposición. Las pesadillas lo mantenían despierto por la noche, atormentándolo con visiones de destrucción y muerte. Sentía que debía regresar al lugar antiguo, para asegurarse de que el mal nunca pudiera escapar al mundo de los vivos de nuevo. Había visto demasiado y era su responsabilidad evitar que sucediera. Tenía que encontrar el camino de regreso a la Tierra Negra y cerrar la puerta para siempre. Comenzó su viaje, viajando durante días sin descanso ni comida, decidido a encontrar la entrada. Pronto se dio cuenta de que la Tierra Negra estaba custodiada por criaturas oscuras y maldiciones.

Pero mientras avanzaba, ganaba fuerza de su convicción, sin desanimarse por ningún obstáculo. Finalmente encontró la puerta y pudo cerrarla, evitando el regreso de los muertos y restaurando la paz en la tierra.

Regresó a su aldea, exhausto pero victorioso. Les contó su historia a la gente allí, advirtiéndoles del mal acechando más allá de la puerta. Fue aclamado como un héroe, el hombre que había salvado al mundo de un destino peor que la muerte. Advertió a su pueblo que se mantuviera alejado de la Tierra Negra y nunca abriera la puerta de nuevo. Pero aunque se había evitado el peligro, el hombre todavía vivía con un corazón pesado. Había sido lo suficientemente valiente para enfrentar la oscuridad y derrotarla. Pero al hacerlo, también había visto demasiado. Había sido contaminado por el mal que había encontrado y lo llevaría consigo para siempre.

BOOTY

Jim, el grumete, recibió una tarea imposible. Tenía que recolectar 10 llaves que abrieran 10 puertas cerradas esparcidas por todo un barco pirata. Si lograba recolectar todas las llaves sin ser atrapado por los piratas, recibiría una gran recompensa del capitán. Nadie sabía qué había detrás de cada puerta y el barco estaba lleno de peligros. Los piratas patrullaban las habitaciones, las ratas se arrastraban por la cubierta y el loro del barco volaba alrededor gritando advertencias y alarmas. Las primeras llaves no fueron muy difíciles de encontrar, pero pronto Jim enfrentó su primer desafío. Una de las puertas llevaba a un tesoro lleno de monedas de oro y joyas. Mientras Jim se acercaba al tesoro, escuchó un sonido de tic tac. Segundos después, el cofre explotó y Jim fue lanzado hacia atrás al suelo. Afortunadamente, no resultó herido, pero sabía que debía tener cuidado. La siguiente llave fue aún más difícil de encontrar. Después de buscar durante horas, finalmente la encontró en un cofre viejo en la cubierta superior. Una vez que obtuvo la llave, abrió la puerta para encontrar un nido de ratas. Al entrar en la habitación, Jim vio que las ratas habían formado una línea bloqueando su camino hacia la llave. Tenía que encontrar la manera de pasar sin ser mordido. Jim construyó astutamente un puente con trozos de madera que le permitió pasar por encima de las ratas. Mientras cruzaba el puente, el loro voló y comenzó a chillar. Jim cerró rápidamente la puerta, atrapando al loro dentro. Con el loro fuera del camino, ahora podía obtener la llave y avanzar. Jim eventualmente recolectó todas las llaves y abrió todas las puertas.

Dentro de cada puerta había una pequeña pila de monedas de oro y joyas. Jim tuvo que tener cuidado, ya que algunas de las pilas estaban llenas de trampas. Logró mantenerse a salvo y estaba a punto de irse cuando escuchó la voz del capitán. "¡Tú!" gritó el capitán. Jim se congeló. Sabía que solo tenía 45 segundos para encontrar la llave de la última pila de botín. Sin tiempo que perder, Jim buscó frenéticamente la llave. Miró por todas partes, pero no la encontraba por ningún lado. Justo cuando estaba a punto de rendirse, vio un destello de metal en el suelo. Agarró la llave, desbloqueó la puerta final y reclamó su recompensa. ¡Jim lo había logrado! Había recuperado todas las llaves y había abierto todas las puertas. El capitán estaba contento y le dio una gran recompensa. Después de eso, Jim se convirtió en un miembro confiable de la tripulación y sus aventuras en el barco pirata le permitieron encontrar más tesoro del que nunca hubiera imaginado.

RANARAMA

Mervyn siempre había sido un tipo curioso y esta característica recientemente lo había metido en un aprieto. Después de que un poderoso hechicero le salvara la vida, Mervyn decidió utilizar el libro mágico del hombre para aprender todos los secretos de la magia que pudiera. Un día, después de trabajar toda la noche en un hechizo particularmente complicado, Mervyn se transformó accidentalmente en una rana. Había estado tan desesperado por volver a ser humano que no había tenido el cuidado necesario al practicar el hechizo. Sin saberlo, el hechizo había atraído la atención de un malvado y poderoso brujo, que decidió utilizar a Mervyn como cebo para atraer a más personas desprevenidas a su trampa. Desafortunadamente, Mervyn era demasiado lento para escapar y pronto quedó encerrado en un calabozo malvado. Meses después, Mervyn todavía estaba atrapado en el calabozo y estaba empezando a perder toda esperanza. Pero un día, el castillo del brujo fue invadido por un grupo de valientes guerreros. En la confusión de su invasión, Mervyn finalmente vio su oportunidad de escapar. Saltó lejos lo más rápido que pudo y pronto estuvo a salvo de las garras del brujo. Sin embargo, Mervyn todavía tenía un largo camino por recorrer antes de poder volver a ser humano. Necesitaba encontrar la poción mágica del brujo, que se decía que podía deshacer el hechizo. Pero la poción estaba escondida en lo más profundo del castillo y estaba fuertemente custodiada por las hordas de guardianes deformes del brujo. Mervyn sabía que tenía que actuar rápido si iba a conseguir la poción y volver a ser humano. Así que se embarcó en una misión para enfrentarse al brujo y sus hordas de frente. Lanzó poderosos hechizos a los generadores de armas del brujo y luchó contra las hordas de monstruos.

Finalmente, después de una larga y extenuante batalla, Mervyn emergió victorioso. Finalmente había encontrado la poción que estaba buscando y pudo volver a ser humano. Mervyn se sintió aliviado y agradecido de haber podido encontrar la poción y escapar de las garras del malvado brujo. Desde entonces, siempre fue cuidadoso al usar cualquier hechizo mágico que aprendiera de manera responsable.

BOBBY BEARING

La familia de Bobby había estado viviendo en Technofear durante generaciones, una tierra de vidrio y acero donde la mayoría de sus habitantes estaban hechos de lo mismo. Se habían concedido una existencia segura con muchas comodidades y seguridad, pero más allá de las fronteras de su hogar seguro, yacía algo mucho peor. Los Metaplanos, un reino extradimensional que era mejor evitar. Un día, el primo de Bobby vino de fuera de la ciudad a visitarlos y, por supuesto, los chicos estaban emocionados. Bobby y sus cuatro hermanos decidieron llevarlo de turismo por Technofear. Todo iba bien hasta que llegaron al borde de la ciudad. De repente, los malvados Bearings descendieron del cielo, su malvado rugido resonó en el aire y todos desaparecieron en la oscuridad. Bobby y sus hermanos apenas tuvieron tiempo de reaccionar, pero su primo ya había desaparecido, absorbido por los Metaplanos por los Bearings. Bobby sintió un escalofrío recorrer su espalda al darse cuenta de lo que había sucedido. Sabía en lo más profundo de su ser que los Metaplanos no estaban destinados a ser explorados y le habían advertido en muchas ocasiones. Pero ya era demasiado tarde, tendría que desafiar la oscuridad y salvar a sus hermanos. Inmediatamente comenzó su búsqueda, decidido a traerlos a casa sanos y salvos. Mientras vagaba por los Metaplanos, se encontró con muchas criaturas extrañas, incluyendo una araña gigante, un enorme dragón y una figura misteriosa hecha de humo y sombras. Bobby estaba asustado pero decidido, y siguió adelante, sin perder la esperanza. Finalmente, después de horas de búsqueda, Bobby encontró a sus cuatro hermanos, acurrucados en una esquina de los Metaplanos, aparentemente aterrorizados.

Lo abrazaron con alivio mientras él los liberaba rápidamente de las garras malvadas de los Bearings. Antes de que pudieran celebrar, sin embargo, Bobby escuchó una voz desde la oscuridad.

Era su primo, había logrado escapar de los Bearings y ahora estaba aparentemente atrapado en los Metaplanos. Sin pensarlo dos veces, Bobby corrió hacia la voz, solo para ser interceptado por los Bearings una vez más. Estaba decidido a no dejar que se llevaran a su primo de nuevo. Convocando su coraje, Bobby agarró al Bearings más cercano y lo lanzó a un lado. Sus hermanos rápidamente hicieron lo mismo, ayudando a Bobby a enfrentarse a las criaturas malvadas hasta que finalmente, Bobby logró liberar a su primo y todos regresaron a casa sanos y salvos. A partir de entonces, la familia de Bobby fue mucho más cautelosa al aventurarse más allá de los límites de Technofear. Sentían una profunda gratitud por las acciones valientes de Bobby, y él sabía que los había salvado de un destino terrible. Bobby y sus hermanos habían aprendido una lección valiosa, siempre seguir las advertencias que se dan, incluso Technofear tiene sus peligros.